Quem me roubou de mim?

17ª reimpressão

Pe. Fábio de Melo

Quem me roubou de mim?

O sequestro da subjetividade e
o desafio de ser pessoa

Planeta

Há pessoas que nos roubam.

Há pessoas que nos devolvem.

SUMÁRIO

Sumário

Apresentação

Apresentação

Este livro está comprometido com o desejo de lhe fazer bem. Ele é uma aventura desejada, nascida de um desassossego provocado por lágrimas que chorei, mas sobretudo por lágrimas que consolei. Considere-o como uma pequena viagem, cujas estradas passam por mim e pela vida de pessoas que cruzaram o meu caminho.

É possível que você se reconheça em algumas histórias. É provável que as teorias aqui tratadas lhe agucem os sentidos. Afinal, quem nunca roubou ou foi roubado de si mesmo?

A viagem vai ter início. Agradeço por estar comigo. Precisamos dilatar as consciências que temos acerca de nossas verdades. É assim que Deus ganha espaço em nós. Quanto mais conscientes do que somos, fazemos e podemos, muito mais próximos estaremos da realização para a qual fomos projetados.

A Teologia cristã tem avançado muito na compreensão de que a realização humana é o mesmo que Revelação de Deus. Essa tem sido nossa crença. Onde houver um ser humano realizado, nele Deus estará revelado.

Queiramos isso. Sempre. Até o fim. O fim que nunca tem fim.

[Que mundo é este, que facilita os encontros

mas nos torna estranhos a nós mesmos?]

QUANDO SOMOS ESTRANHOS A NÓS MESMOS

QUANDO SOMOS ESTRANHOS A NÓS MESMOS

NÃO ME PROPUS A ESCREVER UM ENSAIO TEOLÓGICO. Nem tampouco um tratado de antropologia especializada. Este livro se limita a ser uma reflexão sobre os cativeiros afetivos e suas desastrosas consequências sobre aqueles que os protagonizam.

Não, não estou visitado pelo desejo de abarcar todos os desdobramentos do amplo contexto em que se situa o *sequestro da subjetividade*. Meu desejo é simples, menor. Limito-me a convocar o leitor a olhar para os seus relacionamentos, identificando neles posturas que possam nutrir, em nome do amor que dizemos sentir, uma postura que atenta contra a sacralidade do outro, negando-lhe o direito de exercer o mais belo dom recebido de Deus: a liberdade interior.

Este livro é fruto de um desassossego. Vi de perto muitas pessoas perderem épocas preciosas de suas vidas, ou até mesmo a vida inteira, porque estavam encarceradas em relacionamentos altamente destrutivos, nocivos. Pessoas que, sem perceber que o faziam, desperdiçavam suas existências com sonhos que não eram seus, sacrificando de maneira equivocada os seus dias, limitando-se a cumprir um papel que lhes impuseram, incapazes de quebrar a clausura construída por seus algozes.

A vida tem me ensinado. Em nome do amor cometemos crimes hediondos. Em nome do amor aprisionamos, condicionamos, cerceamos esperanças, despersonalizamos, impomos fardos. Esses crimes nem sempre são noticiados. Nunca vimos alguém ser condenado como criminoso por ter mantido durante anos e anos uma outra pessoa nos cativeiros de seu egoísmo. Não é comum ver uma esposa, depois de longo tempo de agressões psicológicas, que a impediram de desenvolver suas potencialidades, pedir à Justiça que seu marido pague pelo mal cometido. Não é comum que um filho denuncie os seus pais por o terem forçado a abortar os próprios sonhos, subjugando-o a viver por eles a vida que eles gostariam de ter vivido. Não há registro de que alguém tenha pedido indenização, ainda que simbólica, pela vida que foi desperdiçada em torno de um amor que nunca foi amor.

O motivo é simples. Esses crimes estão inconscientemente socializados. Nós os cometemos diariamente e nem sempre nos atentamos de que os realizamos. É como se já estivessem justificados por uma prática comum, irrefletida, da qual participamos como se isso não causasse prejuízo a nós e aos outros. É assim mesmo. A não reflexão sobre a atitude criminosa funciona como delicada base de verniz que aplicamos para nos proteger de nossa covardia.

Ledo engano. O silêncio do crime não nos exime da sentença. Mais cedo ou mais tarde ela nos será entregue. A criminosos e vítimas. Chega-nos pelos braços do tempo, quando este, sem nenhuma piedade, deposita sobre nossa alma a desconcertante conclusão de que o vivido não valeu a pena.

É a partir desse outro desassossego que começo. A humanidade se distancia assustadoramente de sua essência. Somos cada vez menos esclarecidos quando o assunto é humanidade. Conhecemos de cor o funcionamento de uma máquina, mas temos dificuldade de compreender uma lágrima humana.

Estamos indispostos para discutir com profundidade os problemas que nos afetam. Estamos cada vez mais distantes da cultura que nos permite acesso ao profundo do mundo. A poética, linguagem por excelência que nos conduz ao coração das realidades, tem sido constantemente banida. Prevalecem as fórmulas chulas, rasas, pretensiosamente prontas, mágicas, engraçadas, reconheço, mas incapazes de sugerirem avanço ao que é profundo. Com isso nos limitamos a tocar a primeira pele das questões. E só.

Identifico algumas explicações para isso. A Revolução Industrial mudou radicalmente a maneira de produção das sociedades. O que antes era manufaturado de modo artesanal passou a ser produzido em série. Com isso, iniciamos a época das grandes tecnologias. As indústrias se empenharam em criar maquinários que aumentassem a produção e ao mesmo tempo diminuíssem o período de duração do processo.

Assim, começamos a sofrer o que considero a mais radical mudança que a modernidade nos trouxe: a nossa relação com o tempo. Com boa parte da supressão da produção artesanal e do modo de vida social que ela fomentava, o ser humano foi inserido numa nova ordem cronológica.

Não sou perito nessas mudanças, mas ouso dizer que as facilidades da tecnologia dificultaram nossa relação com as esperas. O tempo das demoras, que antes fazia parte da vida humana, foi sendo cada vez mais dispensado pela eficiência do mundo técnico. Mas o que tem a ver a nossa nova relação com o tempo com a indisposição que tem sido tão comum quando o assunto gira em torno das questões fundamentais da existência? Qual é a relação que podemos estabelecer entre os sequestros da subjetividade e a nossa incapacidade de administrar esperas que nos legou a Revolução Industrial?

Não sei ao certo como tentar responder a essas perguntas. Elas são muito sugestivas. Perguntas sugestivas sugerem uma infinidade de possibilidades de respostas. Não pretendo esgotá-las, nem tenho condições para tal.

O que sei é que a mudança do mundo acarreta uma inevitável mudança do ser humano. É certo que a produção industrial em série submeteu o ser humano a movimentos repetitivos, rápidos, limitando-o a ser uma parte do grande mecanismo em que estava inserido. Esta é a palavra: tornou-o mecânico, parte de uma engrenagem cujo funcionamento depende de seu movimento coordenado. Acredito que o ritmo de trabalho era extenuante. Ao chegar em casa, tinha pouca disposição para outra coisa senão alimentar-se e dormir.

Estamos no auge desse processo. É a época que nos pertence. As gerações futuras protagonizarão outro auge. Mas no agora que temos, identificamos a humanidade ainda mais absorvida pelos desdobramentos da mudança de nossa relação com o tempo.

Absorvidos pelos cansaços da vida que vivemos, pouco tempo nos resta para o cultivo de uma vida interior. Quando falo de vida interior, reporto-me ao direito de experimentar as realidades que nos favoreçam a transcendência, o natural movimento que nos retira do tempo para a ele nos devolver revigorados. Falo da possibilidade de, por meio dessa transcendência, acessar cada vez mais o coração de nossa verdade pessoal, permitindo-nos a posse de nós mesmos, levando-nos ao autoconhecimento que nos favoreça relacionamentos mais saudáveis, livrando-nos da possibilidade de termos sequestrada a nossa subjetividade.

Se por um lado a modernidade nos causou prejuízos, por outro também nos trouxe benefícios. As ciências humanas evoluíram consideravelmente. Estamos ricamente munidos de possibilidades para administrar nossos conflitos. As religiões também avançaram. Inseriram em suas teologias as dores humanas. Consideraram que o discurso religioso não pode se limitar aos altares santos. Ele precisa alcançar os motivos humanos, as atualidades onde a fé se encarna.

E assim nos posicionamos diante do passado. Prejudicados e favorecidos. E a partir dessa consciência, voltamos nossos olhos para os desconfortos que experimentamos hoje. Não creio que o sequestro da subjetividade seja um privilégio de nossos tempos. É certo que o despropósito do acorrentamento afetivo acontece desde que o mundo é mundo. O fato é que o avanço que nos beneficia nos dá condições de identificá-lo.

Creio que tenhamos chegado ao cerne da segunda pergunta. Nossa incapacidade de esperar está favorecendo o crescimento das relações sequestrantes?

Creio que sim. Desaprendemos o artesanal da vida. Nossos cotidianos nos apressam cada vez mais. Nossos encontros seguem as mesmas regras. O nosso despreparo pessoal, fruto de nossa incapacidade de dispensar tempo a nós mesmos, empurra-nos aos braços de outros que viveram a mesma negligência. Os sequestros são iniciados assim.

São consequências naturais de um jeito de ser e de viver, por isso estão tão frequentes. Cada vez menos nos dedicamos ao artesanato da construção afetiva, ao conhecimento que nos aproxima e favorece vínculos que nos enriquecem.

E assim identificamos que há um retrocesso. É como se uma involução estivesse nos encaminhando a um desaprendizado existencial, como se perdêssemos a capacidade de compreender quem somos, como se estivéssemos vivendo um afastamento do que é realmente humano, uma indisposição a nós mesmos.

Pode ser que o mundo técnico tenha nos absorvido mais do que deveria. Pode ser que tenhamos invertido a ordem das coisas. A tecnologia deixou de nos servir, nós é que passamos a servi-la. Ficamos excessivamente afeitos aos modelos contemporâneos de comunicação. Adotamos, para nossas relações pessoais, a mesma técnica da produção industrial em série, aquela que encaminhou o mundo ao paraíso tecnológico. As redes sociais nos concedem a ilusão de que temos uma infinidade de amigos, conectam-nos com milhares de pessoas com quem dizemos compartilhar nossa vida. Produção em série. Apertamos uma tecla e a mensagem mentirosa aparece: "Pronto, agora vocês são amigos". É a varinha de condão que um dia já fez parte de nosso imaginário. Reassumimos os contos de fada. Permitimos, ainda que inconscientes, que a amizade virtual nos retire da necessidade de construir artesanato afetivo com os que nos cercam.

E então, o prejuízo. As horas que poderíamos aproveitar com uma boa leitura, um bom filme ou uma boa conversa, desperdiçamos na manutenção de um perfil virtual onde prevalecem as falas superficiais, as contendas, as disputas pela notoriedade.

Um jeito moderno de ser. Um modo de vida totalmente voltado para fora, cheio de alegorias, desprovido de intimidade, marcado pela necessidade de excessivas comunicações, e-mails, novas postagens, textos encaminhados, fotografias legendadas que expõem muito além do que deveriam expor.

A vida em praça pública, onde cada transeunte leva consigo os instrumentais que os publicam ao mundo. Os aparelhos companheiros que nunca saem das mãos, os instrumentos que dificultam os encontros, as conversas presenciais, a intimidade.

Esse estilo de vida nos estrangula o tempo, retira-nos da necessidade de encarar nossas questões. Com isso, ficamos estranhos ao que sentimos, e o pior, ao que fazemos com o que sentimos.

Indispostos a nós mesmos, encontramos os outros. E porque também estão indispostos, iniciamos os amores que nos encaminham aos crimes da subjetividade, ao desrespeito da alteridade, ao desarmonioso modo de pertencer e estabelecer vínculos.

O desconhecimento dos organismos afetivos é cada vez mais comum. As pessoas sofrem, mas não sabem por que sofrem. Sendo assim, ficam impossibilitadas de chegar à origem do desconforto. Um pouco mais de reflexão e o sofrimento ganharia um caráter redentor. Questões pequenas, quando não resolvidas em tempo, se avolumam, tornam-me montanhas aparentemente intransponíveis. O instrumental que pode nos fazer transpor o obstáculo é o mergulho em nós mesmos.

Por isso este livro. Para pensar juntos a possibilidade de refletir a maneira como vivemos. Quem sabe ao longo da leitura a gente se motive a abrir portas, mudar atitudes, romper cativeiros, acender luzes, promover liberdade em nós e nos outros.

Adentrando o tema

Tenho consciência de que exerço uma autoridade religiosa sobre muitas pessoas. Sendo quem sou, fazendo o que faço, toco diariamente as dores do mundo, os calvários da humanidade. Escrever sobre eles é sempre um desafio. A palavra é inapta para alcançar o coração de tudo o que nos dói.

As dores são muitas. Resolvi eleger uma delas: o sequestro da subjetividade. A expressão não é comum. É provável que muitos nunca tenham escutado falar. A palavra sequestro já é absolutamente familiar a todos nós. Habitualmente acompanhamos pelos noticiários casos de pessoas que são separadas de suas famílias e mantidas em cativeiros. É o sequestro do corpo. Estabelecida a ruptura, começa a negociação entre familiares e sequestradores. O desfecho dessa modalidade de violência dependerá do resultado da negociação. O sequestro do corpo é uma forma de roubo. Alguém é materialmente levado de seu meio. Alguém é covardemente submetido ao temporário afastamento de sua casa, de seus familiares e amigos, ficando em mãos de sequestradores que objetivam arrancar um valor financeiro da família da vítima.

O sequestro da subjetividade se refere a outra forma de afastamento. Neste caso, a privação mais danosa é a que sofremos de nós mesmos. Estamos falando de um vínculo que mina nossa capacidade de ser quem somos, de pensar por nós mesmos, de exercer nossa autonomia, de tomar decisões e exercer nossa liberdade de escolha. Trata-se de um roubo silencioso que nos leva de nós. Esses sequestros são acontecimentos comuns que não são noticiados. São sutis, mas altamente destruidores, uma vez que fragilizam e impossibilitam o ser humano de viver a realização para a qual foi feito.

Veja bem, este livro se propõe a refletir brevemente sobre os malefícios dessa perda de pertença. O seu principal objetivo é lançar luzes sobre as relações humanas, que, num contexto de atitudes socialmente aceitas, realizam o mesmo movimento de rendição próprio da relação entre sequestrado e sequestrador. Por isso, partiremos dessa primeira modalidade de sequestro, evidenciando que, sempre que uma pessoa é retirada de seu mundo particular e subjugada aos maus tratos de um cativeiro, inicia-se nela um terrível processo de submissão, que a conduzirá à condição de vítima. Vitimada, a pessoa abre mão de si mesma e passa a obedecer às ordens e aos desejos de seu algoz.

Paralelamente ao sequestro do corpo, colocaremos a questão do sequestro da subjetividade. Como já dito, o roubo da subjetividade nasce a partir de toda relação que priva o ser humano de sua disposição de si, de sua pertença e que o priva de administrar a própria vida.

O sequestro da subjetividade pode acontecer em todas as instâncias de relacionamentos. Nenhuma relação humana está privada de se transformar em roubo, perda de identidade, ainda que as pessoas nos pareçam bem-intencionadas. Um só descuido e as relações podem evoluir para essa violência silenciosa. Basta que as pessoas se percam de seus referenciais, que se distanciem do verdadeiro significado de ***proteção***, que confundam o amor com posse, que abram mão de suas identidades e que se ausentem de si mesmas.

As consequências dessa violência são nefastas. Nada pode ser mais cruel que ser privado de si mesmo. Sim, abrir mão de ser quem é, não ter coragem de romper com os condicionamentos que nos impedem de edificar a própria vida. A todo instante encontro pessoas tendo de lidar com o mal-estar psicológico, fruto do roubo que sofreram. É o sofrimento que num primeiro momento não se localiza, mas que depois é somatizado e se manifesta em nós por meio de doenças mortais.

Muitas doenças nascem da consciência infeliz, da dura necessidade de ter de assumir, não ao outro, mas a nós mesmos, de que a vida foi covardemente desperdiçada, de que não vivemos como poderíamos ter vivido. Que não corremos atrás dos sonhos que eram nossos, e que trocamos nossas esperanças por expectativas alheias. Uma vida inteira de autoflagelação. Um crime afetivo que se desdobra em doença na carne. A enfermidade que nasce do reconhecimento de que não fomos fiéis a nós mesmos, de que não nos empenhamos o suficiente para encontrar as chaves do cárcere que nos privava do amor que nos capacitaria a amar os outros. Sim, essa verdade nunca cairá no descrédito. Só podemos dar aquilo que temos. Se nos falta amor-próprio, é certo que não teremos amor a oferecer.

Um esclarecimento necessário

Tenha paciência. Não abandone o livro. Eu sei que essas questões introdutórias podem ser cansativas, mas elas são necessárias. Pode ser que em algum momento você tenha dificuldade de entender alguma coisa. Não se preocupe. Sempre que necessário faremos uma breve explicitação conceitual que nos ajude a adentrar melhor as abordagens, mas não deixaremos de lado os exemplos práticos, momento em que a teoria ganha vida e facilita nosso entendimento.

Para que a leitura seja tranquila, algumas *placas* serão nossos guias. São conceitos da Filosofia e da Teologia cristã que serão bem explicitados. Se, em algum momento da leitura, o texto lhe parecer difícil, vença o desafio. Chá de boldo também é duro de ser bebido, mas faz bem ao fígado. O exemplo está posto. Não permita que a preguiça o sequestre. Vá adiante. Todo livro precisa nos desafiar, incomodar. É assim que crescemos. Caso necessite, busque o dicionário. Uma palavra nova é sempre bem-vinda. Mas passe a usá-la no dia a dia. Reforça o aprendizado e ainda enriquece o vocabulário dos outros.

Veja bem, este livro é escrito por um padre. Compreendo que estou dispensado de salientar que a reflexão se ampara nos princípios evangélicos. O porto do qual partimos é a experiência concreta que fiz de Jesus e sua palavra. Esta verdade me acompanha. O evangelho é um instrumental poderoso, capaz de promover a vida e a liberdade necessária para bem vivê-la.

Veja que nos relatos dos evangelhos Jesus é apresentado como o libertador. Ele é o enviado que tem como missão específica salvar o ser humano de todas as amarras que o privam de sua realização. Ele é o Deus encarnado, o Verbo que assume a carne humana para resgatá-la de suas escravidões.

Por isso a palavra de Jesus é sempre simbólica. Por quê? Porque sua fala faz com que a pessoa ultrapasse o limite da palavra dita. A palavra de Jesus alcança o mais profundo do coração e o ajuda a rejuntar as pontas que antes estavam soltas, provocando sofrimento.

Vamos compreender melhor isso. O que é o símbolo? É toda e qualquer realidade que constrói uma ponte por onde possamos alcançar o outro lado. O símbolo cumpre o ofício de nos conduzir ao significado de tudo o que ainda nos é estranho. A palavra é simbólica. Ela abre portas para que a gente adentre o conhecimento das coisas. Um dia alguém lhe ensinou o significado da palavra "porta". Num primeiro momento, você descobriu que as portas são estruturas concretas que nos servem de proteção. Com o tempo você foi ampliando o significado, usando-o para além de sua concretude. A palavra *porta* tornou-se o símbolo que lhe facilitou compreender e fazer compreender algumas realidades que a palavra não pode alcançar.

O símbolo é um desdobramento do discurso poético. Ele ultrapassa a inteligência do mundo e o consola com o descanso que só a poesia pode nos conceder.

Diferente do símbolo que une, é o diabólico[1]. Este só quebra. Em vez de unir as pontas, ele as distancia ainda mais. Não favorece o conhecimento, mas o dificulta. Nem precisamos explicar muito esse fato. Conhecemos de perto o poder das realidades e pessoas diabólicas. A todo instante identificamos os ferimentos originados por ele.

É dessas forças diabólicas que Jesus nos salva. A nossa adesão a Ele nos resgata de todas as escravidões que por ventura venhamos a sofrer. Mas de que maneira podemos identificar isso em nossa vida? Como identificar na concretude de nossos dias essa ação libertadora nos alcançando?

Veja bem, a ação de Deus alcança a totalidade do que somos. O seu amor ultrapassa todas as dimensões de nossa existência. Quando dizemos que sua proposta é que vivamos libertos de tudo o que nos escraviza, de alguma forma estamos nos propondo a quebrar o poder de tudo o que nos diaboliza. Sendo assim, a vida cristã consiste em ser um referencial de análise para todos os relacionamentos que estabelecemos.

Se Deus nos quer livres, se sua ação amorosa nos antecede em nos mergulhar nessa vocação à liberdade, devemos viver de maneira que tal liberdade seja possível. E então nos descobrimos na constante necessidade de resguardar o dom recebido, zelando para que nossa subjetividade não seja invadida pelas forças diabólicas que nos chegam por meio de mentalidades e pessoas.

Somos guardiões dessa liberdade. O cuidado para que nossos relacionamentos não se desdobrem em sequestros é antes de qualquer coisa uma atitude religiosa. Temos vocação ao símbolo. Somos chamados a assumir e promover a riqueza da vida simbólica.

Os sequestros da subjetividade são naturalmente diabólicos. Eles quebram a inteireza da pessoa, inibem a ação libertadora de Deus. Baseados nessa premissa, analisaremos as relações humanas a partir de duas classificações. As relações simbólicas, nascidas a partir de pessoas e realidades que nos ajudam a viver o propósito libertário a que Deus nos chamou – aquelas que nos permitem crescer e superar nossos limites porque são capazes de estabelecer pontes que nos permitem travessias –, e as relações diabólicas, aquelas que nos paralisam e nos fazem retroceder porque obstaculizam os caminhos – aquelas que nos apartam do desejo divino de que sejamos livres.

Para terminar esses prolegômenos, faço agora uma menção ao subtítulo deste livro: *O desafio de ser pessoa*. Mas, prolixo que sou, mais uma vez sinto a necessidade de divagar antes de chegar ao conceito de *pessoa*.

A vida humana é uma constante experiência de travessia. Estamos em êxodos contínuos, em processos de deslocamentos intermináveis, porque, enquanto estivermos vivos, seremos convidados para o movimento que nos proporciona a superação de estágios, condições e atitudes. O tempo se encarrega de nos deslocar entre essas fases. Faz parte do estatuto humano sofrer essa constante transição. Nunca ficaremos prontos. A morte nos surpreenderá e ainda não estaremos terminados.

São muitas as travessias que precisamos realizar ao longo da vida. Da infância à adolescência, à juventude, à vida adulta, à velhice e à eternidade, esperamos. Mas há uma travessia que perpassa todas essas fases cronológicas. É a *da condição de indivíduos à condição de pessoas.*

No momento certo explicitaremos melhor essa distinção. Por ora, nos limitamos a dizer que não nascemos pessoas. Nascemos indivíduos. A condição de pessoa é uma meta a ser vivida, um objetivo a ser alcançado. Como já está expresso no subtítulo, um desafio.

Reforço meu posicionamento teórico. O fundamento de nossa reflexão é a Antropologia cristã. Portanto, trataremos o conceito de pessoa a partir dos dois pilares que essa Antropologia estabeleceu para compreendê-lo. Ser pessoa consiste em *dispor-se de si e dispor-se aos outros.* Trata-se de um projeto audacioso de pertencer-se para doar-se. Portanto, o ponto nevrálgico deste livro entrelaça essas duas questões. O sequestro da subjetividade como um acontecimento que atenta diretamente contra os pilares fundantes do conceito de pessoa, *a disposição de si* e a *disposição aos outros*. A partir de histórias concretas, veremos que esse atentado gera um ciclo vicioso que nos impossibilita viver com nobreza a nossa condição humana.

Toda vez que um relacionamento fragiliza a capacidade de o indivíduo dispor de suas possibilidades, ele o acorrenta num egoísmo condenatório que o priva de conhecer a beleza de um amor gratuito. Sendo assim, esse ser humano se limitará a ser caricatura de si mesmo, terá de abrir mão da possibilidade de ter um rosto pessoal para ostentar a farsa que o cativeiro lhe colou na face.

Uma história para começar

Ela veio de longe. Filha de uma família libanesa, chegou ao Brasil acompanhada de um parente distante. Os pais já estavam mortos. Veio ao encontro de um tio que morava por aqui. A idade era pouca. A solidão era muita. Chegou, e já tinham arranjado um casamento para ela. Não soube se opor. Estava frágil demais para travar um embate. Casou-se na primeira semana que pisou em nossas terras.

Trinta e dois anos se passaram. Oito filhos: sete homens e uma mulher. Cinco netos e uma história de sofrimento que parece ter saído de algum clássico da literatura. Nunca houve amor entre ela e o marido. Nos primeiros dias de convivência ele deixou claro, por meio de sua conduta, que a vida ao seu lado não seria fácil. Ela não soube discordar. As primeiras agressões foram mantidas em segredo. Mais tarde, elas se tornaram públicas. Pouco a pouco, o respeito fez as malas e partiu.

A mulher não sabia sorrir. Em nenhum momento de nossa conversa consegui identificar nela algum rastro de alegria ou esperança. Os filhos já criados herdaram do pai a mesma personalidade. A única filha mulher rebelou-se contra a estrutura familiar e foi embora para nunca mais voltar.

A mulher não sabia o que me pedir. Estava profundamente abatida com a morte trágica de seu marido. Estava confusa. Sentia no peito um alívio, mas ao mesmo tempo experimentava o peso de não saber por onde recomeçar. Confessou ter medo de tudo. Medo da vida, medo da morte, medo dos filhos, medo do marido morto. Suas noites de sono eram poucas. Vivia constantemente ansiosa, como se o agressor de sua alma fosse voltar a qualquer momento. Ouvia os seus gritos e tinha sempre a sensação de que ele estava andando pela casa.

Aquela mulher tinha, diante de si, uma longa viagem a ser feita. Viagem de retorno. Viagem no tempo. Ela precisava retornar ao momento em que permitiu que o homem recém-chegado tomasse posse de sua vida. Precisava voltar para ela mesma. Precisava redescobrir as estradas que a reconduziriam à sua subjetividade, e nela reaprender a viver.

Ela foi vítima de uma violência afetiva. Foi vítima de um roubo cruel. Não, não foi um roubo material. Não estamos falando de um crime que pode ser periciado, ou da perda de um objeto que pode ser buscado. O roubo em questão refere-se a algo muito mais profundo.

A vida foi furtada. Submetida a um tratamento desrespeitoso e cruel, a mulher amargava naquele momento a contabilidade que lhe atestava o pior prejuízo que podemos sofrer: o de perder a própria vida.

O criminoso aproveitou-se de sua fragilidade. Descobriu nela uma vítima fácil. Consciente ou não, agiu de forma violenta. No princípio, uma violência velada; depois, a violência declarada, gritada para quem quisesse ouvir. É certo que ele não a considerava um ser humano. Para ele, ela não passava de um objeto que deveria estar sempre à sua disposição. Sem muitas possibilidades na vida, a mulher submeteu-se ao tratamento cruel. Com o tempo, assumiu a condição de vítima, e o pior aconteceu: desaprendeu a ser livre.

Mas nem sempre a prisão termina quando recebemos as chaves que nos alforriam. Mesmo após a morte de seu algoz, com as portas do cativeiro abertas, e distante das ameaças que a encarceravam, ela não sabia mais dar o passo em direção à liberdade que lhe cabia. Estava presa às *memórias do cárcere*. A violência foi tão profunda que, mesmo com a morte do sequestrador, ela ainda permanecia sua vítima acorrentada.

Quando nos relacionamos, o outro se hospeda em nós. A regra pode ser positiva ou não. Tudo depende da forma como o outro acessou nossa alma. Aquela mulher albergava em si a memória de um homem cruel. O deletério produzido pelos longos anos de submissão retirou dela a possibilidade de abrir as janelas da alma para que uma nova luz banhasse o calabouço de suas lembranças.

A mulher não sabia definir assim, mas a sua história é um clássico caso de sequestro da subjetividade, essa espécie de roubo da alma, esse absurdo que costuma morar ao nosso lado, ou dentro de nós.

O SEQUESTRO DO CORPO E A PRIVAÇÃO DO HORIZONTE DE SENTIDO

O SEQUESTRO DO CORPO E A PRIVAÇÃO DO HORIZONTE DE SENTIDO

O SEQUESTRO DO CORPO É UMA PESTÍFERA modalidade contemporânea de violência. Ritual de profundo desrespeito à condição humana, o sequestro consiste em retirar uma pessoa do local de sua identificação, de seus significados, subordinando-a a um tratamento que tem por finalidade fragilizá-la, facilitando assim um estado de total dependência e rendição ao sequestrador. O sequestro do corpo é uma privação daquilo que chamamos de *horizonte de sentido*. O que vem a ser isso? É simples. Todo ser humano, ainda que esteja integrado ao grande mundo, sempre possui um contexto particular feito de significados e significantes. O horizonte de sentido é o território onde não nos sentimos estrangeiros. É o estreito do universo onde descobrimos o *sentido* mais profundo do que somos. Sentido é tudo aquilo que favorece coerência, liga, orienta e estrutura. É a partir desse horizonte de sentido que pensamos, agimos, amamos, desejamos, vivemos. Somos e estamos estruturados a partir de realidades que significam, isto é, realidades que nos revelam e que nos motivam a desbravar outros horizontes.

Esses significados desempenham os mais diversos papéis em nossa aventura humana. São eles que nos sustentam e que definem nosso caráter. Sim, os valores nascem dos significados. Por isso se tornam fundamentais para a qualidade de nossa atuação no mundo. Podemos dizer, sem medo de errar, que são os significados que aprendemos a amar que qualificam nossa existência.

A nossa inteireza como pessoa depende da junção harmoniosa dos significados que constituem o nosso horizonte de sentido. É como construir um mosaico. Creio que a metáfora seja interessante e pode facilitar nossa compreensão. Um mosaico é feito de partes; essas partes se conjugam e compõem uma única peça. São inúmeros e pequenos detalhes que constroem a trama do mosaico. A pequena peça é fundamental para a construção do todo, e por isso não pode ser negada, separada.

A regra se aplica também a nós. Se pensarmos no espaço humano em que vivemos como peças de um mosaico, nós entraremos no cerne dos significados que nos constituem; nós estaremos no coração de nosso horizonte de sentido.

Quando nos referimos aos significados, estamos tratando de realidades materiais e imateriais. Estamos falando do quarto onde dormimos com nossos travesseiros e lençóis, mas também das pessoas que nos rodeiam e dos amores que nos despertam. O quarto nos identifica; os amores também. O horizonte de sentido é uma conjugação desses valores. A cidade onde moramos, a história já vivida, a casa que nos abriga, os lugares que frequentamos, os amigos que amamos, as crenças que professamos, as relações cotidianas, os ritos que realizamos, enfim, tudo isso compõe o nosso mundo particular, o nosso horizonte de sentido.

Veja bem, quando uma pessoa é sequestrada, o primeiro rompimento é com a materialidade de seus significados. O cativeiro é o oposto de tudo aquilo que lhe atribui sentido. O sequestro a privará de estar no mundo que lhe pertence. Não dormirá em sua casa, estará privada dos sabores de sua predileção, de seus ambientes, coisas particulares, de seu travesseiro, de seus livros, de seus perfumes, de suas paredes. Será violentamente exposta a uma outra realidade que não a sua. O corpo sofrerá a violência de não poder ir e vir.

Terá de obedecer às ordens do recém-chegado, daquele que até então não pertencia ao seu mundo. Uma pessoa estranha, que definitivamente não faz parte de seus significados, mas que agora lhe acorrenta o corpo e a faz experimentar uma privação para a qual não estava preparada.

Trata-se de um sofrimento extremamente doloroso. Ao ser afastado dos locais de sua identificação, e passando a viver num ambiente estranho, inóspito e distante de tudo que o realiza, o sequestrado mergulha num profundo estado de solidão. Não se trata de uma solidão comum, dessas que experimentamos ocasionalmente e que faz parte do cotidiano de todos nós. Trata-se de uma solidão muito mais profunda, caracterizada como *ausência de si mesmo.*

Ao ser afastado de seu mundo particular e de tudo o que ele representa, o sequestrado sente-se privado de ser ele mesmo. O mundo que agora lhe é oferecido não lhe pertence. O cativeiro lhe nega o direito de ser e estar em seu horizonte de sentido. Esse profundo estado de ausência pode agravar-se com o tempo e evoluir para o que chamamos de *esquecimento do ser.*

A identidade: limites e possibilidades

Já estamos bastante familiarizados com a palavra *identidade*. Temos até uma carteira que leva esse nome. Por meio dela, podemos documentar quem somos. Ela nos diz sobre nós mesmos. Diz a nós e aos outros.

Há dois aspectos interessantes na identificação que queremos salientar: uma afirmação e uma negação. Identificar-se é um jeito que a pessoa tem de afirmar o que é, mas é também um jeito de afirmar o que não é. Ao identificar-se, a pessoa se posiciona a partir de limites e possibilidades.

Ao dizer *eu sou isso*, naturalmente estou dizendo também *que não posso ser aquilo que negaria o que sou*. Parece jogo de palavras, mas não é. Ao identificar que sou Fábio, naturalmente estou dizendo que não sou Fernando. Quando nos identificamos, nós firmamos a diferenciação, que é um fator importante na construção da pessoa. Não sei ao certo quando iniciamos esse processo. O que podemos intuir é que a maturidade se expressa nessa capacidade de diferenciação. Quando favorecidos por uma educação que nos encoraje à verdade pessoal, assumimos quem somos, ainda que seja caro o preço que nos cobrem por essa autenticidade.

A identidade está intimamente ligada à nossa verdade pessoal. Ela ultrapassa o que os outros imaginam de nós. Ela vai além do que tentamos representar. E por isso é afirmação e negação. No que afirmamos sobre nós há uma infinidade de negações latentes. No embate com o mundo e seus convites à hipocrisia, precisamos zelar para que não percamos a clareza desses contrários que nos identificam.

Ninguém alcança essa verdade pessoal impunemente. Há sempre um preço a ser pago. É o labor do empenho. Carece trabalho diário, zelo constante para que as expectativas dos outros não sufoquem nossa verdade. Não é problema que o outro nos motive, que nos ajude a encontrar uma forma harmoniosa de chegar ao que realmente somos. Mas não podemos perder de vista os sinais que já nos foram dados, quando ao longo da vida pudemos tocar, ainda que superficialmente, a sensação de ser a pessoa certa no lugar certo.

O ser humano é um apanhado de possibilidades e limites. A conjugação harmoniosa desses dois contextos é que nos encaminha à realização humana, à satisfação de ser quem somos. Eles estão sempre interligados. O reconhecimento dos limites favorece o desenvolvimento das possibilidades. Sim, ao identificar quem somos, assumimos a legitimidade de nossa natureza. Afirmamos o que podemos e o que não podemos. E com isso, os limites assumem um caráter positivo, pois nos dispensam dos enganos que nos privam de chegar ao conhecimento de nossas reais possibilidades. Se concluímos que a estrada não nos leva ao lugar que desejamos, temos um limite estabelecido. A estrada não nos pertence. Mas é a partir dessa descoberta que reencontramos o direito de buscar a que realmente nos fará chegar.

Nossa identidade nos limita, não para nos empobrecer, mas, ao contrário, para nos favorecer o crescimento. Quem sabe bem o que é e o que não é terá mais facilidade de explorar suas possibilidades, uma vez que os limites já estão apreendidos também. Apreender e conhecer os limites que se tem é uma forma de potencializar as qualidades que nos são próprias.

Mas não é sempre que identificamos essa dimensão positiva do limite. Requer maturidade para interpretar os nãos da vida, os nãos que precisamos dizer a nós mesmos, ou os nãos que a estrada nos fez reconhecer. Quando imersos num processo de esquecimento do que somos, nos acostumamos aos restos de mundo que sobraram de nossos enganos.

Gosto muito da parábola do filho pródigo. Sempre que me deparo com o relato da história daquele moço que pediu a herança ao pai para iniciar uma vida distante da família, ocorre-me o sofrimento experimentado pelo velho homem. Pedir-lhe a herança mesmo estando ainda vivo era o mesmo que decretar a sua morte. Isso acentua ainda mais o amor com que depois o filho foi recebido em casa.

Mas não é sobre isso que desejo falar. Quero me ater a outro detalhe da parábola. Depois de ter gasto toda a herança vivendo uma vida sem regras, o rapaz passou por um terrível tempo de privações. O evangelho diz que ele chegou a comer o alimento que era dado aos porcos.

Veja bem, apesar de ter gasto a herança, o rapaz continuava tendo um lar, uma família. Só que havia um detalhe. Ele estava esquecido de seus direitos. O pecado o fez esquecer sua condição de filho. A vida de erros lhe sequestrou a consciência da identidade. E este era o verdadeiro prejuízo. A herança perdida não era nada perto do sequestro que lhe retirara a pertença filial.

Só ao tomar consciência de que na casa de seu pai os porcos tinham um tratamento melhor é que ele iniciou a retomada de sua identidade. Num primeiro momento, encoraja-se a voltar para trabalhar como empregado. E assim o faz. Mas quando percebe que o pai o aguarda na estrada, reencontra-se com a herança que não há erro que seja capaz de arrancar. O abraço é de devolução. Ambos recebem. O pai volta a ser pai, e o filho volta a ser filho. As identidades foram restituídas.

A parábola é muito sugestiva. Ela pertence ao conjunto de escritos cujo tema gravita sobre a misericórdia divina. São histórias que salientam a capacidade que Deus tem de amar os que, de acordo com nosso julgamento, não merecem ser amados.

É interessante abordar a questão da identidade a partir de uma relação amorosa. A Psicologia nos ensina que o amor é que nos encaminha para a primeira experiência de fé que fazemos na vida. Não se trata de uma fé sobrenatural, mas natural, fruto do cuidado que o outro nos dispensa. Aprendemos a dar os primeiros passos porque os braços que se estendem a nos encorajar são braços amorosos. Desde crianças experimentamos essa verdade. Amor e cuidado são caminhos que se encontram. E são esses caminhos que nos levam ao fortalecimento de nossa identidade.

Quando esse amor e esse cuidado nos são negados, ficamos à mercê de nossas inseguranças. Sim, só o vínculo amoroso pode nos proporcionar a coragem de ser quem somos. Se ele nos falta, ficamos privados de chegar ao conhecimento de nós mesmos.

Se ficamos distantes dos vínculos que nos recordam quem somos, a identidade pode ser danificada, assim como uma construção pode sofrer com a falta de manutenção. O amor amado, o horizonte de sentido são os grandes responsáveis pela manutenção de nossa coragem de ser quem somos.

Quando digo o que sou,
de alguma forma eu o faço para também
dizer o que não sou.
O não ser está no avesso do ser,
assim como o tecido só é tecido porque
há um avesso que o nega,
não sendo outro,
mas complementando-o.
O que não sou também é um forma de ser.
Eu sou eu e meus avessos.

O ESQUECIMENTO DO SER

Voltamos ao sequestro. Ao confinar uma pessoa, o sequestrador atenta contra a sua identidade. Ao negar-lhe a liberdade do corpo, uma série de outras liberdades será comprometida. A liberdade emocional é uma delas. O mal-estar que decorre dessa privação compromete a articulação que precisamos fazer de nossas possibilidades e limites.

No cativeiro, o limite deixa de ensinar, pois estando apartada de seu horizonte de sentido, dos que ama, estando privada de frequentar o retalho de mundo que a coloca ao lado dos que a ajudam a compreender os nãos da vida, a pessoa é condenada ao vazio.

O cativeiro a priva dos direitos e deveres que decorrem de seu papel existencial. Quem é pai deixa de exercer o papel de pai, quem é filho deixa de exercer o papel de filho e assim por diante.

Veja bem, deixar de exercer o papel não acarreta deixar de ser. Um pai será sempre pai, mesmo distante do filho que ama. Da mesma forma que a mãe será sempre mãe, ainda que exilada e sem o direito de desempenhar o papel de mãe. Mas o sofrimento provocado pelo distanciamento pode desencadear o *esquecimento do ser*. Recorde-se. Antes de abordar a questão da identidade, falávamos que o cativeiro pode levar a pessoa a *ausentar-se de si mesma*. O que vem a ser isso?

É o pior vazio que podemos experimentar. Trata-se de um estado paralisante em que a pessoa não se encoraja, pois é como se o motor da existência estivesse ausente do corpo.

Estando ausente de si mesma, a pessoa se desprende de sua identidade, adentra o território do esquecimento do ser. Estando fora de seu horizonte de sentido, negada no direito de conviver com os elementos de sua identificação, ela vai se tornando indiferente à vida. Exilada dos outros e de si mesma, a saúde emocional vai se fragilizando, o corpo vai se rendendo ao domínio do algoz, e a pessoa vai rompendo lentamente com os motivos que antes a faziam prosseguir.

É o ponto alto das consequências nefastas do sequestro. Já estando ausente de si mesma e esquecida de ser quem é, a pessoa sequestrada se rende à condição de vítima.

A CONDIÇÃO DE VÍTIMA

A CONDIÇÃO DE VÍTIMA

OS SOFRIMENTOS DO CATIVEIRO DESENCADEIAM a vitimização do sequestrado. É o momento da rendição. Parece contraditório na teoria, mas não o é na prática. Ao mergulhar a pessoa num contexto de sofrimento, ameaças e privações, ao violentar-lhe a identidade, subjugando-a a um esquecimento de si, o sequestrador estabelece com o sequestrado uma relação de confiança. Fomentada pelo medo, é claro, mas confiança.Um fato perturbador. A manutenção da vida depende do estranho recém-chegado. O que antes era um direito da pessoa, direito inalienável, agora está inteiramente ameaçado, nas mãos de um desconhecido. A consciência da dependência e a certeza de que a vida agora já não lhe pertence, porque está em outras mãos, colocam o sequestrado numa condição de inteira e total fragilidade. Essa fragilidade vira atitude, postura. Desencadeia o que chamamos de *condição de vítima*, uma vez que a rendição é o único jeito de garantir a sobrevivência. É o último estágio do processo, quando o sequestrado já não tem outra coisa na vida senão o seu algoz.

A vitimização é intencional. Os sequestradores sabem muito bem que o tratamento cruel lhe dará acesso ao coração da pessoa confinada. Tudo é muito pensado. Uma vítima é alguém cujas fraquezas podemos explorar. É a partir dessa premissa que eles trabalham.

O sequestrador faz questão de abalar as estruturas emocionais da pessoa sequestrada. Ameaça matar os que ela ama, ameaça atentar contra os seus valores, subjuga e faz questão de demonstrar quem é a autoridade, o centro de todas as decisões. Os maus-tratos, a vida na precariedade, o local inóspito, a comida qualquer, o desprezo, tudo estará a serviço desse objetivo único: vitimar.

Quanto maior a sensação de vítima no sequestrado, maior será o controle do sequestrador. Quanto pior for o tratamento no cativeiro, maior será o medo e, consequentemente, a rendição da vítima.

Sentir medo é um jeito estranho de atribuir autoridade a alguém. Temer uma realidade ou uma pessoa é o mesmo que lhe entregar o direito de nos assombrar constantemente. Sempre que estamos paralisados pelo medo, de alguma forma, estamos privados de nós mesmos.

O senso comum nos ensina que o cão tem o poder de perceber o nosso medo, e isso o encoraja a nos agredir. Olhá-lo nos olhos é um recurso que inibe o ataque. Isso é interessante. Toda relação de domínio é sempre estabelecida a partir do medo. Sentir medo é o mesmo que legitimar no outro o comando da situação. Se eu temo o escuro, de alguma forma estou lhe atribuindo mais poderes que a mim. O medo nos faz vítimas, desencadeia o esquecimento do que podemos.

O que pode nos fazer uma sala escura? Por que temos medo de ficar sozinhos? São perguntas simples para as quais geralmente não temos respostas. A razão não é capaz de lançar luzes sobre essas situações justamente porque ela está paralisada pelo medo. O medo nos priva da inteligência, ainda que temporariamente.

Temer uma realidade e obedecer ao absurdo de seus comandos são desdobramentos estranhos da perda de identidade. No caso do sequestro do corpo, o medo nasce da convicção de que o outro decidirá o destino da vida. Viver ou morrer será uma decisão do sequestrador. É o absurdo de reconhecer que o bem mais precioso que se tem está nas mãos de quem acabou de chegar; de quem nunca fez parte dos seus significados. Talvez seja por isso que, em muitos casos de sequestro, a vítima faça questão de estabelecer uma relação amistosa com o sequestrador. Talvez seja um reconhecimento, ainda que inconsciente, da necessidade de ser amada pelo inimigo, de despertar-lhe alguma predileção que lhe favoreça a preservação da vida, ou até mesmo de evitar a mutilação de órgãos, tão frequente em casos de sequestros.

O medo do inimigo pode conduzir a pessoa a essa relação amistosa. O medo tem o poder de gerar gentilezas agressivas, silenciosas, favorecendo a manutenção de uma fria guerra entre as pessoas.

Assim que estabelecida, a condição de vítima traz uma tranquilidade para a relação entre sequestrado e sequestrador. Não havendo mais resistência da parte de quem está subjugado à violência, o sequestro pode arrastar-se no tempo sem maiores dificuldades. Enquanto houver alguma resistência ao reconhecimento do domínio, o sequestrado ainda representará perigo para o sequestrador, forçando-o a ter atitudes ainda mais violentas. A condição de vítima cessa a violência dos alardes, para dar lugar a uma violência mais sutil, silenciosa.

O PREÇO DO RESGATE E SEU VALOR SIMBÓLICO

O PREÇO DO RESGATE E SEU VALOR SIMBÓLICO

O FIM DO SEQUESTRO DO CORPO ESTÁ SEMPRE LIGADO ao pagamento, ou não, do valor do resgate. O valor estabelecido pelos sequestradores é comunicado aos que se interessam pela pessoa sequestrada. As negociações têm como único objetivo a tentativa de trazer de volta o que fora levado, preservando-lhe a vida e a integridade.

A pessoa sequestrada, que até então foi vítima dos sequestradores, agora também está entregue nas mãos daqueles que compõem o seu horizonte de sentido. Diferente, mas continua vítima. Eles decidirão o que fazer; decidirão como pagar, como negociar. É o momento em que a pessoa é exposta ao peso e à medida do seu valor.

Não são raros os casos em que a vítima experimenta nessa hora uma grande insegurança. A fragilidade do cativeiro a faz duvidar até mesmo da predileção de quem está lá fora negociando sua vida. O cativeiro, prejudicou sua autoestima. Estando sob os efeitos nefastos desse prejuízo, ocorre-lhe a dúvida: será que existe alguém interessado em me retirar daqui? Será que valho o valor que está sendo pedido?

Essas perguntas estão intimamente ligadas à condição de vítima. Elas são resultado do sofrimento experimentado, da insegurança derivada da violência psíquica a que foi submetida. Antes, vítima de quem nem sequer sabia o nome, de quem pouco viu o rosto; agora, vítima daqueles que a viram nascer e crescer. Condições distintas, mas costuradas pelo mesmo fio da insegurança.

O cativeiro minou suas convicções, deixou o registro do esquecimento do ser. Quem está esquecido de *quem é* pode incorrer no equívoco de colocar familiares e criminosos no mesmo patamar. É o medo ditando suas ordens. Medo absoluto, indistinto, tomando todos os espaços da existência. É o medo assumindo sua dolorosa face do desespero. Medo que cega, que faz esquecer o que temos de mais sagrado. Medo que nos acorrenta aos pés dos nossos sequestradores, e que nos encoraja a pedir que eles tenham piedade de nós, como se fossem deuses, capazes de nos livrar de nossa fragilidade.

Medo que nos faz esquecer os vínculos que construímos, o amor que nos ama; medo que dilui nossa identificação e que não nos permite mais a diferenciação do mundo. Olhamos a tudo e a todos do mesmo modo. Olhos com lentes do medo; são olhos pessimistas, e muito pouco podem na vida.

O medo nos fazer pedir o que não queremos. No caso do sequestro do corpo, o sequestrado, por causa do medo que sente, torna-se capaz de pedir, mesmo sem uma formulação expressa nas palavras, que o sequestrador o proteja com seu domínio. A condição de vítima o faz viver o absurdo de uma dependência cega. O intruso, o recém-chegado, assume a centralidade dos seus afetos. A relação, fortemente marcada pela dependência, fortalece ainda mais a entrega e a rendição. O dominador reconhece nos olhos do dominado o pedido.

A postura da vítima fortalece a figura do sequestrador. Ela o autoriza a negociar a sua vida, a ser dela um proprietário. É a cessão tutelar. É nesse momento que se confundem ainda mais os papéis e se acentua a insegurança. Estranhos negociando com familiares e amigos, mas todos mergulhados no contexto da incerteza. O mais próximo é o sequestrador. Ele passou a representar uma espécie de *segurança*, e por isso a vítima a ele se apega.

Esse é o quadro. O sequestro do corpo é uma violência terrível, porque, ao retirar a pessoa do seu horizonte de sentido, a expõe ao absurdo do esquecimento, ainda que temporário, fruto da violência psíquica sofrida, de sua verdade pessoal. Com a perda da inteireza humana, com a desagregação afetiva, o sequestrado deixa de ter condições de lutar por ele mesmo. Apartado de si mesmo, aliena em mãos de estranhos o poder de decidir o desfecho de sua existência.

O corpo é levado de uma vez. O cativeiro cerceia o corpo; priva-o de tudo o que o faz feliz, de todas as sensações que lhe são agradáveis. O corpo é o primeiro a ser acorrentado e rendido, para que depois, aos poucos, seja também rendida e acorrentada a sua alma[1].

Resgatar o corpo dessa condição de aprisionamento consiste em devolvê-lo a si mesmo. O corpo, antes acorrentado e negado, volta a se pertencer. Volta a frequentar o seu mundo, a alimentar-se de seu horizonte de sentido. O pagamento do resgate é concreto. Ele viabiliza o fim do cárcere. Mas ele também resguarda um precioso valor sim-

---

[1] *Gostaria de salientar que essa diferenciação corpo-alma é meramente didática. O discurso antropológico que nos fundamenta é o que assegura a unidade do ser humano. Ele é corpo e alma. A expressão alma refere-se ao conjunto de realidades humanas que são imateriais. Aqui, no contexto em que o aplicamos, ela se refere à vontade, à liberdade, ao desejo.*

bólico. Ele concretiza a certeza do amor. Ao ser resgatada, a vítima se reconhece querida, desejada. Cessa a insegurança que antes vivera no cativeiro. Distante do sequestrador, ela reassume a condição de identificar a fragilidade que a fez colocar bandido e familiares no mesmo patamar de importância. O retorno lhe devolve a capacidade de reassumir a identidade perdida. É a hora de organizar o medo, os traumas e as recordações que certamente por muito tempo a atormentarão.

Depois do cativeiro, o aprendizado

Depois do cativeiro, o aprendizado

A SABEDORIA POPULAR NOS ENSINA QUE HÁ sempre um aprendizado a ser recolhido depois da dor. É verdade. As alegrias costumam ser preparadas no silêncio das duras esperas. Não é justo que o ser humano passe pelas experiências de calvários sem que delas nasçam experiências de ressurreições.

Por isso, depois do cativeiro, o aprendizado. Quando as negociações terminam bem, a pessoa reencontra o mundo que até então lhe estava negado. Depois do exílio vivido, é certo que ela nunca mais será a mesma. Ao ser devolvida ao centro de seus significados, ela interpretará a vida de um novo modo. É natural que seja assim. A experiência do distanciamento nos ajuda a mensurar o valor de tudo o que nos foi temporariamente extorquido.

Antes do cativeiro, do roubo físico e seus desdobramentos emocionais, corria-se o risco de que a beleza do cotidiano fosse encoberta pela poeira da mesmice. A vida propicia a experiência do costume. O ser humano acostuma-se com o que tem, com o que ama, e muitas vezes somente a ruptura com o que tem e com o que ama abre-lhe os olhos para o real valor de tudo o que estava ao seu redor. As prisões podem nos fazer descobrir o valor da liberdade. As restrições são prenhes de ensinamentos. Basta saber partejar, fazer vir à luz o que nelas está escondido.

Na ausência podemos mensurar o que amamos e o que nos é indispensável. Passar pela experiência do cativeiro, local da negação absoluta de tudo o que para nós tem significado, pode conduzir-nos ao cerne dos valores que nos constituem.

O resgate, o pagamento que nos dá o direito de voltar ao que é nosso, condensa um significado interessante. Ele é devolução. É como se fôssemos afastados de nossa propriedade, e de longe alguém nos mostrasse a beleza do nosso lugar, dizendo: "Já foi seu; mas não é mais. Se quiser voltar, terá de comprar de novo!" E assim acontece. Compramos novamente o que sempre foi nosso. Estranho, mas esse é o significado do resgate.

Distantes do que antes nos era tão próximo, recobramos a visão encantadora do nosso lugar. Olhamos de um jeito novo. Redescobrimos os detalhes, as belezas silenciosas que, com o tempo, desaprendemos a perceber. A visão ao longe é reveladora. Vemos mais perto, mesmo estando tão longe. Olhamos e não conseguimos entender como não éramos capazes de reconhecer a beleza que sempre esteve ali.

No momento da ameaça de perder tudo isso, o que mais desejamos é a oportunidade de escrever uma nova história. Nosso desejo é voltar, reencontrar o que havíamos esquecido, reintegrar o que antes permanecia perdido, ignorado, abandonado. O que desejamos é a possibilidade de um retorno que nos possibilite ver as mesmas coisas de antes, mas de um jeito novo, aperfeiçoado pela ausência e pela restrição.

Depois do resgate, o desejo de deitar a toalha branca sobre a mesa, colocar os talheres de ocasião sobre mesa farta. Fartura de sabores e pessoas que nos fazem ser o que somos. Refeição é devolução. Da mesma forma como o alimento devolve ao corpo os nutrientes perdidos, a presença dos que amamos nos devolve a nós mesmos. Sentar à mesa é isso. Nós nos servimos de alimentos e de olhares. Comungamos uns aos outros, assim como o corpo se incorpora da vida que o alimento lhe devolve. A mesa é o lugar onde as fomes se manifestam e são curadas. Fome de pão, fome de amor.

Depois do cativeiro, a festa de retorno, assim como na parábola bíblica que conta a história do filho que retornou depois de longo tempo de exílio. Distante dos nossos significados, não há possibilidade de felicidade. Quem já foi sequestrado sabe disso.

Retorno

Somente depois de ter andado por terras estranhas
É que pude reconhecer a beleza de minha morada.
A ausência mensura o tamanho do local perdido,
evidencia o que antes tornou-se oculto, por força
do costume.
Abri o portão principal como quem abria
um cofre que resguardava valores
incomensuráveis.
Olhei minha mãe como se fosse a primeira vez.
Olhei como se voltasse a ser criança pequena
e estivesse a descobrir-lhe as feições maternas.
As vozes do passado estavam reinauguradas.
Deitei-me em seu colo como se quisesse
realizar a proeza de ser gerado de novo.

Enquanto suas mãos desenhavam carinhos
sobre os meus cabelos, um outro movimento
atingia minha alma.
Mãos com poder de sutura existencial.
Alinhavos que os dedos amarravam,
enquanto o quente daquele colo me devolvia
ao meu corte original.
A mulher em silêncio, meu melhor lugar.
De suas mãos um segredo se desprendia, uma voz
delicada que só o amor nos proporciona ouvir.
'Dorme meu filho, dorme,
porque enquanto você dormir
eu o farei de novo.
Dorme meu filho, dorme.'

A SUBJETIVIDADE E SUAS IMPLICAÇÕES

A SUBJETIVIDADE E SUAS IMPLICAÇÕES

SUBJETIVIDADE É TODA ESTRUTURA QUE TEM referência direta ao sujeito particular. Ela é o que há de mais profundo e irrenunciável na criatura humana. É o estatuto mais íntimo, o lugar onde o *eu* sobrevive.

A definição dos termos pode nos ajudar. Subjetividade é caráter ou qualidade do subjetivo, e subjetivo é tudo aquilo que é pertencente ou relativo ao sujeito.

De acordo com as regras gramaticais, o sujeito é o ser que realiza a ação do verbo. É ele quem dá movimento às frases. Interessante. Sempre que age, o sujeito age a partir de seu mundo, de sua história pessoal, de seus valores, limites, possibilidades. Sua ação é sempre carregada de história, motivos, razões.

A subjetividade é o contexto que engloba todas essas particularidades imanentes à condição de ser sujeito, e é muito mais. Ser sujeito extrapola os limites da corporeidade que age, movimenta e cria fatos. Um sujeito é um mosaico de desejos, temores, paixões, sentimentos, angústias, sentidos, mistérios. Realidades que são universais, mas que acontecem de maneira muito particular em cada um de nós. Por isso, a subjetividade possui um caráter sagrado, pois confere ao sujeito a possibilidade de estar no mundo de maneira única e irrenunciável.

Um objeto, por exemplo, pode ser repetido, mas um sujeito, nunca. Um objeto pode ser manuseado e ocasionalmente dispensado como peça que perdeu a utilidade, mas um sujeito, não. A sua subjetividade o diferencia no mundo e o coloca como valor a ser respeitado.

Veja bem, a vida é sempre plural e singular. Viver é experimentar constantemente a dinâmica desses dois lugares. Quando somos plurais, só o podemos ser se estivermos na posse de nossa singularidade, caso contrário, a pluralidade nos esmaga.

Observe um mosaico. Nele há uma multiplicidade de peças. O mosaico é plural e só existe porque as peças saíram de suas singularidades. Só assim ele pôde ser formado. Mas, para dar forma ao mosaico, as peças não precisaram abrir mão do que eram. Não foram negadas, mas passaram a compor um todo que jamais conseguiriam sozinhas.

A subjetividade refere-se a essa capacidade que o ser humano tem de ser singular. Antes de ser comunidade, o ser humano é pessoal, particular, reservado, privado, porque segue a mesma regra do mosaico. Junta-se aos outros para compor o todo, mas não deixa de ser o que é.

É por isso que o contexto da subjetividade é bastante complexo. Ele é a casa de todos os limites e possibilidades humanas. Ele funciona como a escritura de um território, como ponto de partida, pois é nele que o ser se firma para ser o que é, e dele sai para ser com os outros.

Instigante. Ser o que somos requer cuidados, requer vigilância.

Manter nossa inteireza, isto é, o estatuto que nos difere no mundo, é sempre um desafio árduo. Por um motivo simples. Não é possível conjugar a existência somente na solidão. A vida é um constante encontro de singularidades. Desde que nascemos somos naturalmente conduzidos à convivência com os outros. Por mais que se empenhe em preservar-se só, o ser humano nunca se priva de ser visitado pela singularidade de outra pessoa.

Nem sempre tais encontros são materiais, presenciais. Ler um livro, por exemplo, é receber o autor e seu jeito particular de compreender o mundo. A obra nos aproxima, influencia, modifica-nos. Por meio de páginas e palavras um encontro acontece. Uma subjetividade nos chega, mesmo que o corpo não tenha vindo junto. O livro a transporta, leva-a a visitar nossa intimidade.

Quando duas pessoas casualmente se conhecem, são duas subjetividades que se tocam. Se crescem no conhecimento, existe então a possibilidade de suas singularidades se pluralizarem, se misturarem e se influenciarem. Trata-se de uma dinâmica natural na vida. É assim que construímos os vínculos afetivos, espirituais e até mesmo os vínculos funcionais, que são aqueles que nos ligam, por meio da confiança, a profissionais que participam diretamente de nossa vida.

O inegável é que a todo momento estamos influenciando e sendo influenciados. A Psicologia nos ensina que quanto mais integrada estiver uma pessoa, isto é, quanto mais ela estiver segura de si mesma, conhecedora de sua verdade, reconciliada com seus limites e ativa no desenvolvimento de suas possibilidades, maior será sua capacidade de construir vínculos saudáveis.

Mas nem sempre experimentamos a inteireza do ser. Fragilizados pela própria história pessoal e pelas privações que nos impediram de montar harmoniosamente os mosaicos de nossa história, deparamo-nos com pessoas que sofreram o mesmo mal. Despreparados para a riqueza que todo encontro pode proporcionar, corremos o risco de que as desarmonias prevaleçam, de que nossas ausências e carências lancem as bases de um relacionamento que gerará dependência, perda da pertença e escravidão afetiva.

Diante dessa compreensão, surge-nos uma questão fundamental para que possamos dar um passo na reflexão. Nos encontros que realizamos, zelamos para que não percamos de vista o que somos? Como viver a dinâmica de um mundo que é plural, sem que nossa subjetividade corra o risco de ser sufocada, sequestrada?

O desafio é constante. O risco é iminente. É muito fácil perder a liga existencial, o cordão que nos costura a nós mesmos. É muito fácil a gente se perder na pluralidade do mundo. É muito fácil entrar nos cativeiros dos que nos idealizam, dos que nos esmagam, dos que nos desconsideram, dos que pensam que nos amam, dos que nos viciam, dos que pensam por nós.

É muito fácil ser roubado, levado e aprisionado no pensamento que nos impede de crer no valor de nosso potencial. Os cativeiros são muitos, diversificados, mas a dor é semelhante. É a dor de quem está compondo o mosaico sem saber o que é. Entrou no todo, mas não tomou posse da parte. Misturou-se ao mar, mas não sabe o rio de sua origem. Subjetividade esmagada, desagregada, sequestrada.

Sem rodeios

Só há dois caminhos.

Ou o relacionamento nos fortalece a

subjetividade,

encaminhando-nos a uma natural partilha

do que somos,

ou ele nos enclausura nos cativeiros

do afeto possessivo,

retirando-nos o direito de dispormos

de nós mesmos.

O SEQUESTRO DA SUBJETIVIDADE

O SEQUESTRO DA SUBJETIVIDADE

NA PRIMEIRA PARTE DESTE LIVRO ANALISAMOS brevemente o significado do sequestro do corpo. Vimos que sequestro do corpo se refere primeiramente ao aprisionamento material de uma pessoa. É o corpo que é aprisionado, o corpo matéria, concreto, manuseável. O primeiro passo, portanto, é a condução violenta do corpo ao cativeiro, lugar também material. Depois de ser exilada de seu mundo, a pessoa passa a ser vítima de uma violência ainda mais profunda, que fragiliza sua estrutura emocional, psíquica, tornando-a vítima de seu algoz. É claro que essa diferenciação é meramente didática. Ela é usada somente para facilitar a compreensão. Não podemos indicar com precisão em que momento do sequestro a pessoa inicia o seu processo de rendição afetiva. Mesmo porque falo a partir de exemplos que são comuns às experiências de pessoas que passaram pela crueldade dessa forma de violência. Há sempre um espaço reservado ao diferente, à pessoa que não viveu o processo que aqui escolhi para pautar a análise.

Volto a esclarecer. A diferenciação que agora faço tem como objetivo apenas um favorecimento didático. Tratar do sequestro da subjetividade na comparação com o sequestro do corpo não significa que estamos fazendo uma ruptura entre a materialidade do ser humano e sua subjetividade. Não queremos compartimentar as duas realidades, tampouco legitimar no nosso discurso a perspectiva platônica de que o corpo é a prisão da alma.

Sabemos que com o aprisionamento do corpo toda a subjetividade sofre também. Esse sofrimento é imediato, porque é brutal. É o corpo que é roubado, levado de seu lugar e seus significados. Já no sequestro da subjetividade, nem sempre há o sofrimento imediato do corpo. O que há é o sofrimento psicológico que, com o tempo, refletirá no corpo. Por ser um processo mais lento, o sequestro da subjetividade pode, num primeiro momento, ser sinônimo de prazer, satisfação, porque o corpo não é subjugado a maus-tratos concretos, como no caso do sequestro da materialidade.

Há casos de sequestro da subjetividade que desembocam em violências físicas, mas tais violências não fazem parte do processo inicial, porque o sequestrador não poderá seduzir sua vítima pela força da violência, ao contrário, inicialmente será dócil, cortês, gentil e usará de todas as artimanhas para que a sedução seja bem-sucedida.

Outro aspecto também interessante a ser lembrado é que em alguns casos de aprisionamento do corpo a subjetividade consegue ser preservada livre. É o caso de pessoas que, mesmo encarceradas em celas de prisões, ainda continuam no exercício de sua liberdade. Tudo depende da capacidade que o ser humano tem de manter-se na posse de si, mesmo quando tudo parece contrário.

Recordo-me de uma cena belíssima do filme *Um sonho de liberdade*, quando o personagem principal é submetido ao confinamento da solitária. Um mês depois, ao sair do terrível castigo que lhe foi imposto, alguém o interroga de como foi possível suportar todo aquele tempo de silêncio e solidão. Curiosamente ele respondeu que se ocupou ouvindo música, e que isso ajudou o tempo a passar. Indignado, aquele que o questionara fez questão de recordá-lo de que na solitária não havia aparelho de som, e que portanto não existia possibilidade de ouvir música alguma. Com um sorriso no rosto, o personagem sabiamente concluiu que não precisava de aparelhos de som para ouvir músicas, pois todas elas já moravam dentro dele.

Interessante. A privação externa o levou a recrutar o que já morava em seu âmago. As músicas já estavam albergadas no si mesmo de sua condição. Foram incorporadas, assumidas como parte integrante de sua constituição. Não seria a mesma coisa a liberdade? Mais tarde falaremos sobre isso, mas aproveitando a ocasião, recordamos uma lição que nos é dada pela Antropologia cristã. A liberdade é um dom que nos foi dado por Deus. Todos a recebem. Mas é na dinâmica da vida que a recrutamos. Trata-se de uma vigilância diária. Sempre que a vida nos confinar, é preciso recordar a melodia que nos liberta.

Outro exemplo interessante, e que também está no mesmo filme, é a história do homem que cuidava dos livros no presídio. Sendo já de idade avançada, alguns dias depois de alcançar a liberdade, enforcou-se. Durante toda a sua vida ele foi prisioneiro e, ao se tornar livre, descobriu que não saberia viver longe das grades. Ele não aprendeu a ser livre, e por isso resolveu morrer depois de perder o direito de continuar na prisão. A morte foi a forma encontrada de cessar o desconforto.

As chaves abriram a cela, mas não abriram o seu coração. Ele estava livre das paredes que o cercearam durante toda a sua vida, mas não estava livre de si mesmo. O eu profundo permaneceu trancafiado nos calabouços em que o tempo o fez mergulhar. Subjugado ao costume da prisão, desaprendeu de ser livre.

O exemplo nos ajuda. Há prisões que são mais que paredes e celas. Elas não são materiais, e por isso não há nada que possa concretamente ser quebrado. No confinamento do corpo, há um cativeiro localizado que precisa ser aberto. Mas no confinamento da subjetividade os cativeiros não possuem localização que possamos descobrir, nem tampouco caminhos que nos favoreçam chegar pela força de nossos pés.

O acesso a esses cativeiros só é possível por meio de outros recursos. O primeiro deles é a tomada de consciência de que ele existe. Mediante os desconfortos que derivam do confinamento, a pessoa precisa reconhecer que está privada de si mesma. É um passo difícil. A dependência nos medra, alimenta a ilusão de que longe do cativeiro a vida não terá sentido. O invasor se instaura na vontade. Com isso, a pessoa perde a capacidade de decidir por si mesma, de tomar uma decisão que a favoreça. O segundo recurso é o pedido de ajuda. É pouco provável que uma prisão afetiva seja quebrada na solidão. O amparo proveniente de pessoas que nos amam é fundamental para que tenhamos condições de enfrentar a travessia que nos retirará do exílio. E, por fim, a retomada da liberdade, o tortuoso processo de reaprender a viver longe dos grilhões.

É importante salientar que essa forma de sequestro, o da subjetividade, é muito mais comum do que imaginamos. Trata-se de um fenômeno que a todo momento acontece entre nós. É provável que já tenhamos protagonizado, ou até mesmo que estejamos protagonizando essa espécie de violência.

A imaturidade afetiva é a grande responsável por tais quadros de sequestros. O despreparo humano tem sido fruto dessa estrutura social que distancia cada vez mais a pessoa de suas questões fundamentais. Sobre isso já falamos. Cresce assustadoramente a indisposição das pessoas com os processos que podem nos amadurecer. Estamos avessos aos sacrifícios, à disciplina. A era tecnológica nos imergiu num pragmatismo que nos indispõe ao tempo das esperas. Deixamos de ser artesanais. E sem a dinâmica do artesanato, do conhecimento que se dá pela força do tempo, do alinhavo diário que nos permite acessar o outro de maneira respeitosa, o relacionamento pode se transformar em um cativeiro.

A maturidade

Todo ser humano é chamado ao amadurecimento. Mas todo amadurecimento é processual, isto é, consiste num movimento que nos pede busca diária. Acreditamos que a graça de Deus se antecipa em nos favorecer. Mas é na labuta do dia a dia que vamos tomando posse da maturidade que nos realiza.

Mas o que vem a ser a maturidade? Como podemos identificar que estamos vivendo a dinâmica do processo que nos dará o direito de gozar da condição de pessoas maduras?

Amadurecer é o mesmo que integrar. Todo ser humano é um apanhado de limites e possibilidades, qualidades e defeitos. A maturidade é a confluência harmoniosa que gera a coerência de todos esses aspectos. O que antes não tinha associação passa a ter, como se uma ponte tivesse sido erguida para favorecer o trânsito entre as diferentes partes. Limites e possibilidades, qualidades e defeitos, tudo integrado e reconhecido como essência que nos constitui.

A maturidade reúne o que antes estava desagregado. Essa integração desobriga o ser humano de corresponder às expectativas que não se adequam à sua essência. Com o amadurecimento, deixamos de viver ao largo de nós mesmos; assumimos a inteireza como projeto de vida, de maneira que nenhuma dispersão será mais admitida.

A maturidade é um projeto que nunca se esgota. Amadurecer é um verbo que deve perpassar constantemente a dinâmica da existência. É o desejo de que a morte nos encontre em plena conjugação. É a maturidade que nos autoriza o deleite. A integração humana é fundamental para que saibamos estabelecer relações maduras, construtivas. É por meio dela que nos encaminhamos para a realização humana.

Estando desintegrado, imaturo, o ser humano fica privado de favorecer-se. Incapacitado de descobrir a dimensão positiva de seus limites, deixa de explorar suas possibilidades. Negando os defeitos que carrega, torna-os ainda mais nocivos. Não sendo capaz de ver-se na totalidade, limita-se a viver fragmentado. Longe de sua essência, e vivendo sem a posse de si mesmo, torna-se alvo de relacionamentos possessivos e sequestrantes. No cativeiro, distancia-se de sua essência, molda-se a partir das exigências de seu algoz, torna-se caricatura de si mesmo.

Os contextos dos sequestros

Pois bem. A imaturidade nos dispõe ao sequestro da subjetividade. Estando ao largo de nós mesmos, podemos protagonizar os papéis de sequestrados e sequestradores. Sim, não é só a vítima que sofre de imaturidade. O algoz também é vítima de si mesmo. A obsessão por dominar, assumir o comando da vida do outra pessoa é uma manifestação dessa imaturidade.

É sempre um privilégio conviver com pessoas maduras. Elas nos beneficiam com o equilíbrio que a maturidade lhes rendeu. São geralmente boas conselheiras, pois não intencionam nos moldar de acordo com seus desejos. Por zelar constantemente pela própria liberdade, a pessoa madura se empenha em promover a liberdade dos que por ela passam por sua vida.

Mas nem sempre temos o privilégio de encontrar e conviver com pessoas emocionalmente integradas. Como já dissemos anteriormente, a estrutura de mundo em que estamos situados não tem favorecido o amadurecimento humano.

O convívio com pessoas imaturas é sempre conflituoso. A imaturidade impede o aprofundamento do relacionamento. Mais que isso, dificulta o verdadeiro encontro, aquele em que as pessoas são livres para serem o que são. Distantes de suas verdades, passam a desempenhar um papel que mais cedo ou mais tarde desencadeará em frustração. Se o relacionamento não é estabelecido a partir de nossas verdadeiras possibilidades e limites, nós nos limitamos a ser personagens de nós mesmos. Nesse falseamento o amor não é possível, não acontece. O que prevalece é a sua caricatura, um sentimento que é chamado pelo mesmo nome, mas que atua no contrário de sua essência. Em vez do respeito que o amor gera, prevalece um sentimento que autoriza e promove a superficialidade, o descompromisso, a banalização do outro. Sendo assim, os roubos da subjetividade se multiplicam.

O CONTEXTO FAMILIAR

A família é o lugar onde ensaiamos os primeiros passos do amadurecimento. É natural que seja assim. É no seio familiar que somos inseridos na comunidade humana. Rodeados pelos familiares, descobrimos nossas possibilidades e limites. São os vínculos amorosos que nos possibilitam a aventura do descobrimento do que somos.

Mas nem sempre a nossa casa é um lugar seguro. Os vínculos que despersonalizam podem ser fomentados na intimidade que deveria estar comprometida com nossa saúde emocional. Na tentativa de fazer o melhor aos filhos, é comum que pais incorram no erro de projetar sobre eles suas frustrações. Numa tentativa desastrosa de corrigirem os erros que cometeram, depositam fardos sobre os ombros de suas crias. São as expectativas que aprisionam. A mãe deseja que a filha seja pianista. A menina se esmera em aprender. Mas não se sente feliz tocando piano. Caso pudesse escolher, optaria pelo violão. Quando tentou manifestar o desejo de mudar, foi imediatamente tolhida pela progenitora.

O exemplo é simples e pode ser desdobrado em muitos outros. É provável que você tenha visto fatos semelhantes. Filhos abrindo mão de seus sonhos porque não estavam fortalecidos para enfrentar as imposições dos pais. Requer muita liberdade interior contrariar a quem amamos. É preciso estar emocionalmente amadurecidos para que sejamos capazes de nos opor aos que ameaçam nossa subjetividade. Por quê? Porque a imaturidade nos faz pensar que deixaremos de ser amados se não fizermos o que os outros esperam de nós.

O amor é um território ardiloso. Em nome dele provocamos desastres. É fácil compreender. Nem sempre amamos livremente. É comum que nossa capacidade de amar esteja condicionada pelas nossas necessidades. Requer honestidade constante. É um limiar perigoso. A caridade que fazemos pode não ser fruto de nossa capacidade de amar. A honestidade nos revela que ela pode ser movida por nosso desejo de reconhecimento. Não é nenhum problema assumir isso. A consciência nos liberta para que tenhamos condições de redimensionar o amor que amamos.

Ao tomar consciência do fato, de alguma forma já estamos quebrando as algemas que limitam nossa capacidade de amar. Da necessidade podemos passar à liberdade, ao amor gratuito, desinteressado.

Nunca é tarde para reconhecer e mudar. Ao identificar que dentro de nossa casa estamos estabelecendo vínculos que despersonalizam, teremos condições de dar passos significativos no amadurecimento familiar. A família, esse agrupamento humano que nos coloca em contato com nossa verdade pessoal, deve ser o alicerce que sustentará o edifício que Deus pretende que sejamos.

O CONTEXTO RELIGIOSO

O contexto religioso é altamente perigoso para a subjetividade. A autoridade religiosa, quando não exercida com responsabilidade, pode ser geradora de claustros e dependências. Com um agravante. O cativeiro é interpretado como vontade de Deus. Quando orientadas por autoridades religiosas imaturas e despreparadas, muitas pessoas assumem a infelicidade como um projeto divino. A flagelação da essência, a renúncia equivocada do que se é, tudo justificado como forma de agradar a Deus.

Geralmente, o relacionamento que se estabelece a partir da espiritualidade é de muita confiança. É evidente que muitas pessoas foram edificadas por líderes religiosos, que no exercício de uma autoridade responsável favoreceram o amadurecimento de seus fiéis. Mas não podemos negar que o contrário também é comum. Diretores espirituais que, movidos por ignorância ou maldade, manipulam seus dirigidos para que façam o que lhes convém. Desconsiderando o específico de seu ofício, instrumentalizam a religião para obter seus interesses. Descompromissados com o verdadeiro significado da missão assumida, negligenciam a oportunidade de levar o povo a experimentar uma fé que, num mesmo movimento, favoreça-o conhecer a Deus e a si mesmo.

Sim, tem se multiplicado entre nós o discurso religioso que dissocia as questões humanas das questões divinas. Mas o específico da experiência religiosa não é retirar os véus que nos separam de Deus? Conhecer a Deus não é também conhecer a nós mesmos? Uma prática religiosa que nos distancie de nós mesmos, ou que nos faça negar o que somos?

Aqui há uma questão interessante que vale a pena salientar. A Teologia cristã nos ensina que o conhecimento de Deus nos coloca em contato com o ser humano que Ele deseja que sejamos. Quanto mais mergulharmos no mistério de sua divindade, muito mais teremos condições de chegar ao conhecimento de nossa verdade. A contemplação que fazemos do Sagrado é dinâmica. Ela nos possibilita ver o que Ele quer de nós.

Essa é nossa convicção. Rezamos, jejuamos, ritualizamos nossa fé, participamos dos sacramentos, tudo para que tenhamos condições de alcançar o ser humano que Deus imaginou para nós. Como podemos admitir que a prática religiosa nos distancie de nossa essência? Os sequestros que a religião oportuniza são desastrosos justamente porque podem impedir o desabrochar de nossa essência. As teologias equivocadas e os discursos que delas procedem podem nos apartar de Deus, e, apartando-nos d'Ele, confinamo-nos em cativeiros terríveis, reduzindo nossa dimensão religiosa a uma prática infértil, alienada.

Dois exemplos.

É comum nos dias de hoje o discurso que reduz a religiosidade ao horizonte histórico, dissociando-a de uma esperança que extrapole a experiência do tempo, desprovendo a fé de sua dimensão sobrenatural. É a religião sem transcendência. É a fé que nunca extrapola os contextos humanos, que não gera o conforto existencial que só Deus em sua divina misericórdia pode nos oferecer. Esse discurso gera o ateísmo prático, a religiosidade social, o cumprimento de preceitos que nunca chegam a atingir o coração.

O contrário também é verdade. Muitos discursos e práticas religiosas se limitam à pregação de promessas futuras. As questões humanas ficam negadas. A transcendência nunca se associa às questões terrenas, e, com isso, nasce um natural desprezo pela vida, pela história. O prejuízo é o mesmo que no primeiro caso. Se a religião nega ao ser humano os dois pilares que sustentam sua dimensão espiritual, ela está gera o aprisionamento da subjetividade. Ao comprometer a inteireza do ser humano, o discurso realiza o oposto do que deveria realizar.

O CONTEXTO PROFISSIONAL

O sequestro da subjetividade é muito comum nas relações profissionais. Imersas numa trama onde a utilidade costuma prevalecer sobre os significados, as pessoas nem sempre conseguem preservar a inteireza de suas identidades.

Veja bem, exercer uma função dentro de um contexto organizacional é absolutamente saudável. Saber-se parte de um todo, identificar que o específico que nos cabe impulsiona o funcionamento do todo é muito salutar. Pela divisão de funções nós exercitamos o espírito cooperativo. O trabalho pode ser para nós uma oportunidade de abandonar o espírito de onipotência, a prepotência que nos faz tão egoístas e mesquinhos.

Mas o limiar entre a pertença frutuosa, aquela que nos coloca em comunhão com os outros, e o aniquilamento do ser, que se caracteriza como renúncia ao que se é para poder pertencer, é estreito. Quando o coletivo prevalece sobre o particular, desconsiderando-o em sua diferença, forçando-o a uma uniformidade que não contempla sua singularidade, massacrando-o em vez de incorporá-lo como parte irrenunciável do todo, é certo que a subjetividade ficará cativa.

Jesus já alertava em seu tempo. "A autoridade é serviço." É verdade. O bom líder é aquele que identifica no poder que lhe foi confiado a oportunidade de favorecer o crescimento dos que estão sob seu domínio. A expressão nos assusta, eu sei. Estar sob domínio do outro é sempre um risco. Mas deixa de ser no momento em que o que detém a autoridade se interpreta como o primeiro responsável pela saúde emocional das pessoas que lhe foram confiadas.

Mas nem sempre é assim. Quando a liderança é exercida por uma pessoa imatura, o resultado é sempre desastroso. Liderar pessoas requer muito equilíbrio. Esse equilíbrio emocional só a maturidade pode nos oferecer. É ele que vai nos iluminar para que não massacremos a subjetividade dos que trabalham conosco.

O CONTEXTO DAS AMIZADES

"Ninguém tem maior amor do que este, de dar alguém a vida pelos seus amigos" (Jó, 15,13).

Este versículo bíblico expressa o ponto alto de um amor maduro. Dar a vida pelo outro só é possível aos que já estão no pleno conhecimento de sua verdade.

Mas esse trecho do Evangelho de João é perigoso. Uma interpretação unilateral dessa passagem pode ser desastrosa. Amor é doação. Ninguém pode negar isto. Jesus se referia a uma entrega gratuita, nascida livremente. No contexto de sua palavra, dar a vida é o mesmo que fazer uma renúncia pelo outro em detrimento de nós mesmos. Só o amor nos leva a experimentar o que temos de mais gratuito em nós. É motivado por esse amor que renunciamos aos nossos interesses para favorecer o outro. Mas como identificar que o gesto de renúncia não está nos privando de nós mesmos? Como saber se o contexto de nossa doação está realmente sendo gestado pela nossa liberdade interior? Ou então, como descobrir se nossa doação alimenta uma relação onde o outro nunca se dispõe a se doar, mantendo assim um vínculo que impede o seu amadurecimento? É justo interpretar a passagem bíblica, desconsiderando que, num relacionamento de amizade, a doação não pode ser responsabilidade de uma só pessoa?

Essa questão é muito interessante. Precisamos salvaguardar a perspectiva evangélica, de que não podemos cobrar reciprocidade quando amamos, mas também não podemos permitir que sejamos mantenedores de uma amizade cuja estrutura depende unicamente de nossa doação.

Acontece muito. Vez em quando nos deparamos com pessoas esgotadas afetivamente. Interpretaram o *dar a vida pelos amigos* como um fardo, e não como uma possibilidade. Porque lhes faltava o amadurecimento que nos permite agir livremente, porque estavam presas em suas necessidades, experimentaram o lado sombrio do amor.

O preceito bíblico será sempre bem-vindo, mas precisamos investigar constantemente o avesso de nossa conduta. A doação que fazemos ao outro nunca pode nos retirar de nossa inteireza. Mas como saberemos se estamos no caminho certo? É simples. O amor verdadeiro nunca nos esgota, pois ele não brota de nossa liberdade interior. Numa relação madura, as partes não se cansam. Pode até haver conflito, mas nunca o esgotamento da disposição de continuarem juntos.

O CONTEXTO DO AMOR CONJUGAL

Nem sempre o amor ama. Por vezes ele é o disfarce do egoísmo. Foi pensando assim que surgiu a ideia de escrever este livro. Tudo aconteceu durante uma conversa com uma pessoa que eu tinha acabado de conhecer. Estávamos na casa de uma amiga em comum, e encorajada pela taça de vinho que havia tomado, ela começou a me relatar as dificuldades que encontrava no seu relacionamento de namoro. Sem nenhum rodeio, ela me disse: “Ele me escraviza”. Estava lúcida. Era capaz de reconhecer que permanecia atada a um relacionamento altamente nocivo, desagregador, mas ao mesmo tempo não tinha coragem de romper, quebrar o vínculo que a unia a ele.

Conseguia identificar o quanto a relação lhe fazia mal. Sabia-se totalmente dependente dele. A dependência já repercutia em sua saúde. Bonita, inteligente, cheia de possibilidades, amargava um precioso tempo de sua vida dedicando-se a uma pessoa que só lhe causava dor.

Eu ouvi a história e imediatamente ocorreu-me a ideia de que aquela menina estava sequestrada. Diferente do sequestro convencional, mas sequestrada. O namorado havia confiscado a sua subjetividade. Desintegrada emocionalmente, permanecia incapacitada de tomar uma decisão que pudesse lhe devolver a alegria de viver.

O sequestro da subjetividade é muito comum no contexto do amor conjugal. Requer muito zelo para que o relacionamento não se torne um lugar de escravidões. Estando as portas da subjetividade abertas, o invasor desconsidera a sacralidade do outro como um *si mesmo*. E no exercício de um egoísmo cruel, instala acampamento na alma de quem diz amar, transformando-a numa extensão de seus desejos e vontades. É a relação objetal, onde o outro é interpretado como um objeto que pode ser manuseado e dispensado.

É grande o número de pessoas que, na tentativa de viver uma vida a dois, adentraram essa relação objetal. Encontro muitas pessoas que deixaram de se pertencer. A perda de pertença é alimentada dia a dia, sobretudo quando o amor é ingenuamente interpretado como entrega incondicional. Mais uma vez a questão da maturidade. O amor nunca pode ser instrumentalizado para gerar prisões. Mas só a relação madura nos proporciona saber quando é que estamos gerando esses aprisionamentos. Requer coragem assumir que estamos sendo cruéis com os que amamos. Requer grandeza de alma não pedirmos o que não é direito pedir. Sim, em muitos relacionamentos, os cônjuges se escravizam. Tudo em nome do amor. No silêncio de concessões não refletidas, muitas vezes motivadas por uma equivocada maneira de compreender a doação amorosa, as pessoas abrem mão de si mesmas.

Eis o equívoco. O amor não pode nos privar de nós mesmos. A essência antecede a tudo o que podemos oferecer. Só podemos nos oferecer livremente se antes estivermos dispondo de quem somos. Não podemos permitir que um relacionamento nos prive dessa essência. Essa dimensão não pode ser doada. Nossa essência. Se nos retiram o que somos, já não temos nada o que oferecer.

Veremos isso mais adiante, quando analisaremos o conceito de pessoa. Só pode se dar aquele que antes se possui. Por ora, nos limitamos a refletir que concessões não nascidas de um amor maduro, o qual nos firma no porto de nossa essência, podem abrir portas para um relacionamento possessivo.

Alguém

Alguém me levou de mim.
Alguém que eu não sei dizer,
alguém me levou daqui.
Alguém, esse nome estranho.
Alguém que eu só vi chegar,
alguém que eu não vi partir
Alguém, que se alguém encontrar,
recomende que me devolva a mim.

DA SEDUÇÃO AO CATIVEIRO

O SEQUESTRO DA SUBJETIVIDADE É UMA FORMA de aliciamento. A invasão é suave, processual. Antes dos maus-tratos do cativeiro, a sedução da conquista. É natural que seja assim. A dependência afetiva passa pelas mesmas regras da dependência química.

As primeiras experiências com as drogas costumam ser prazerosas. O contexto é de afabilidade. O traficante, por exemplo, nunca aborda violentamente o seu futuro dependente. Ele o seduz com gentileza, atenção. Não cobra pelas primeiras porções, porque sabe que a vítima precisa ser conquistada. Depois de firmada a dependência, o que se vê é a intolerância, a relação desumana. Com o estreitamento da relação, o que se percebe é o estabelecimento de um estado semelhante ao que se dá no sequestro do corpo: a condição de vítima. O outro exige o que não é direito seu exigir. Ultrapassa os limites que deveriam ser preservados e pisa a dignidade que merece reverência, porque é sacra.

Foi o que aconteceu com aquela menina...

Ela chegou a mim com os olhos cheios de medo. Bonita, nascida em uma família bem estruturada, a menina começou a relacionar-se com um amigo de colégio. No início, era apenas uma aproximação despretensiosa, e por isso a família não viu a necessidade de intervir. "Coisa de adolescente", como costumamos dizer.

Os encontros eram ocasionais e o rapaz nem chegou a ter contato com os familiares dela. Ele nunca se interessava em conhecer o seu mundo. A história começou a preocupar quando, meses depois, os pais perceberam os maus resultados no colégio. Pela primeira vez, a garota tinha tido um desempenho insatisfatório. Com as péssimas notas, surgiu também uma tristeza desoladora. Tentou duas vezes o suicídio.

A menina que, até então, tinha uma vida tranquila, cheia de sonhos e amigos, de repente estava enfrentando um quadro depressivo grave. Levada a um terapeuta, finalmente as razões do sofrimento foram conhecidas.

Ela estava apaixonada pelo rapaz há mais de um ano e, desde que ficaram juntos pela primeira vez, ele a transformara num objeto de seu prazer. Ao contrário do que ela sempre dizia, nunca namorou o rapaz. Ele mantinha outro relacionamento sério que já durava mais de dois anos. Ela era a *outra* e sempre soubera disso.

Com apenas dezesseis anos, aquela menina já tinha enfrentado, sem o conhecimento de seus pais, os perigos de um aborto caseiro, feito por meio da ingestão de comprimidos, com o intuito de expulsar o filho indesejado de seu ventre. Ele a obrigara.

As humilhações eram frequentes. Ela confessou-me que o rapaz só a tratou carinhosamente nas primeiras semanas. Assim que ele percebeu o sucesso da conquista, seu comportamento mudou. Ele não tinha o menor respeito por ela. Não a procurava, senão para sua satisfação sexual. A menina cumpria o papel de *prostituta socializada.*

Ela sabia de tudo isso, mas não adiantava saber. A razão do seu sofrimento era essa. Ela não conseguia romper com ele. Havia perdido a capacidade de dizer *não* aos pedidos dele. Por mais que reprovasse seu próprio comportamento, ela temia fechar o único acesso que o trazia à sua vida.

O conflito ficou estabelecido. A angústia e o sofrimento chegaram. Aquele rapaz mantinha a pobre menina num cativeiro afetivo. Dispensava-lhe um tratamento desprezível, mas, vitimada, ela desaprendeu a dizer *não*. Sem dizer *não*, permanecia afetivamente privada de si mesma. A violência velada tinha o poder de minar e fragilizar sua subjetividade, colocando-a constantemente à disposição de seu sequestrador.

Mesmo sabendo que participava de uma trama altamente nociva, ela era incapaz de pedir socorro. O medo de romper com o rapaz a privava de tomar a decisão certa para sua vida. O sentimento que ele lhe oferecia era precário, mas ela não sabia mais viver sem sua presença. Ela estava trancada no cativeiro da dependência. E não estava disposta a enfrentar o sofrimento de abrir as portas. Preferiu reduzir a sua vida àquele espaço miserável que lhe era oferecido.

Desprovida de amor-próprio, resignou-se a viver como um objeto de prazer. Perdeu de vista a sacralidade de sua condição humana. Deixou de ser pessoa. Regrediu no processo. Renunciou à autonomia, fruto da educação dada pelos seus pais, e limitou-se a ser uma extensão material de seu algoz. Sim, o seu corpo estava intimamente ligado ao dele por meio de uma dependência afetiva que a privava de ser livre. Ela temia o rompimento, temia perdê-lo. E por isso preferiu perder sempre. Perdia a cada dia. A pior de todas as perdas. Perdia a si mesma.

O rapaz teve acesso à totalidade daquela menina. Certamente investigou suas fragilidades e fez questão de utilizá-las. Ela entregou tudo nas mãos dele. Ele se apossou de sua subjetividade pela força do afeto e estabeleceu uma dependência dela por ele. Instalou-se como um intruso. Rendida de amor, ela aceitou o pouco que ele lhe dava, pois temia não sobreviver sem o seu amor de precariedades.

Depois que a família descobriu a gravidade da situação, mesmo contra sua vontade, a menina foi encaminhada a um tratamento. Mediante ajuda terapêutica, a adolescente pôde retomar as rédeas de sua vida e expulsar o rapaz e suas artimanhas ardilosas. Foi preciso enfrentar o sofrimento agudo do rompimento para que ela reassumisse o amor-próprio, e só assim conseguisse sair do cativeiro.

Essa história nos ensina. Toda relação humana necessita de cuidados, porque sempre transita nos limites tênues entre amor e posse. Do amor à posse o caminho é curto. Basta que percamos o foco de nossa identidade para que corramos o risco de alguém administrar nossa vida, roubando-nos de nós mesmos.

O MUNDO E SEUS CATIVEIROS

O mundo e seus cativeiros

A vida humana é sempre uma experiência mundana. Vivemos no mundo. Mundo é tudo aquilo que está na ordem. É tudo o que deixou a condição de caos. Interessante esse conceito. Também nós estamos constantemente ordenando a realidade em que estamos situados. Cada vez que realizamos um gesto que organiza, que coloca na ordem e que harmoniza, de alguma forma estamos recriando o mundo, isto é, estamos desfazendo o caos.

Mas o mundo é também um lugar de movimentos contrários. Ao mesmo tempo em que há o movimento que encaminha a realidade para a ordem, há também o movimento que retira a vida da ordem e restabelece o caos. É o mundo em sua negação. Interessante, mas, dentre os inúmeros significados da palavra mundo, há um que a coloca como adjetivo que diz respeito àquilo que está asseado, limpo, polido e puro.

Pois bem, a palavra *imundo* indica a negação do mundo, uma vez que na língua portuguesa ela significa *que está sujo, impuro*.

Portanto, o imundo pertence à categoria de tudo o que está fora da ordem, desarmonizado, caótico. Realidades imundas precisam ser reordenadas para que voltem à forma original. É assim que consertamos a vida; é assim que atualizamos o gesto criador de Deus no espaço em que estamos: desfazendo o caos.

Toda vez que esbarramos nos cativeiros do mundo, de alguma forma, encontramos a negação da vida humana. Cativeiro é o local imundo, da desordem, do roubo e da desumanização. Cada vez que um cativeiro é estabelecido, em sua materialidade ou não, alguém está perdendo a capacidade de recriar o mundo por meio da própria vida.

O tratado de Teologia cristã da criação nos assegura que o gesto criador de Deus tem sempre continuidade na vida humana. Cada vez que eu me realizo verdadeiramente como pessoa, vivendo e aperfeiçoando as capacidades que me foram entregues, tais como minha liberdade, capacidade de amar, de alguma forma o Criador continua criando o mundo a partir de mim.

É por isso que podemos dizer que o ser humano é dotado de capacidade recriadora. A inserção da vida humana no espaço criado teve o intuito de que nos tornássemos sujeitos da criação. Como já vimos anteriormente, ao sujeito cabe a função de realizar a ação do verbo. Neste mundo de tantos verbos, os sujeitos movimentam e transformam o mundo.

Podemos alçar um voo ainda maior. De acordo com a Teologia cristã, o Verbo de Deus se torna sujeito em cada criatura humana, potencializando-a a ser por Ele e com Ele. Essa incorporação da vida divina na vida dos humanos é um desdobramento do mistério da Encarnação. Pelo mistério de Deus encarnado, a criatura humana legitima no tempo por meio de sua ação, a Graça, isto é, o amor de Deus sempre presente e atuante no mundo. Graça que salva, santifica, humaniza, transforma, gera o mundo ao desfazer o imundo.

A Antropologia teológica cristã nos propõe que o mistério da Encarnação tem continuidade histórica por meio do movimento humanizador que a graça de Deus realiza. Graça que no sujeito é particular, podendo ser acolhida, ou não, pelo exercício da liberdade.

A ação da graça de Deus na vida humana trabalha num primeiro momento no fortalecimento de nossa identidade. Somos filhos no Filho. Somos incorporados pela força sacramental que está manifestada no dom de Deus na tarefa humana.

Veja bem, a intervenção divina não está para *tornar angélico o humano*, mas, ao contrário, está para conceder-lhe nova condição humana, restaurada e reconciliada em Jesus, o Verbo de Deus.

Essa compreensão antropológica cristã é riquíssima, pois nos sugere a santidade como aperfeiçoamento do que é humano, e não como sua negação.

Em cada sujeito é colocada a presença do Verbo, o movimento que a tudo comanda. A graça de Deus é conferida a cada sujeito de maneira única e particular. O sujeito e sua subjetividade. Cada um move o mundo ao seu modo, de acordo com os atributos e limites que lhe são próprios. A graça esbarra nesses limites, pois nem todos estão em busca de uma forma de viver que seja favorável ao florescimento de sua subjetividade, ao fortalecimento de sua identidade.

O impulso da graça na vida humana tem o poder de fortalecer essa identidade. Vida de santidade é busca pela inteireza, pela posse de si mesmo. Viver santamente consiste em assumir e fortalecer a identidade que de Deus recebemos. É se esmerar por tomar posse do ser humano que Deus planejou que fôssemos.

Santificar é o mesmo que humanizar. É recebermo-nos de novo; é voltar ao molde inicial, onde o Verbo nos gera e nos faz ser o que somos. Não viver a santidade é o mesmo que abdicar da condição de realeza. É como se um rei resolvesse ser escravo. Deixa o trono, vai viver a condição desumana que a escravidão confere. Esquece que é rei, abdica do trono. Deixa o mundo e assume o imundo como casa.

A vida cristã é afrontosa aos orgulhosos e prepotentes. Deus confere realeza aos mais fracos deste mundo. Os miseráveis foram revestidos de um manto de glória. Os fracassados foram olhados nos olhos; receberam o convite para a festa principal. Qualquer um pode aceitar esse convite. Os títulos reais estão à disposição. Basta querer.

No mundo do caos, a situação é outra. O projeto é desumanizar. É retirar a dignidade, a realeza; é causar o esquecimento da condição que nos assegura sermos prediletos de Deus, gente de valor.

O imundo é o lugar dos que optaram pela desumanização. Neste contexto a mesa nunca está posta. Não há banquete porque não há o que comemorar. A vida torna-se uma mesmice. Os vícios humanos prevalecem. Não há desafios a serem vencidos. O diabólico não propõe superação. O que ele propõe é que cada um se acomode com seus limites. É fácil viver esse projeto, não requer esforço.

A desumanização nunca solicita coragem. Ela só requer fraqueza. É mais fácil ser fraco. É mais fácil justificar-nos na preguiça existencial que nos aquieta nas expressões que são próprias de quem já perdeu a batalha. "Sou assim mesmo e não quero mudar!"

Mas a santidade, esta sim, requer coragem. Existir com qualidade é desafio que nunca termina. Requer esforço constante para manter a qualidade humana. É luta diária sermos autênticos, fiéis a nós mesmos, mesmo quando tudo parece nos encaminhar para o processo natural da superficialidade e do falseamento.

O caos é feito de superficialidades. Não é preciso pensar para nele sobreviver. Muito pouco é necessário. Basta entrar no movimento das transitoriedades e dos condicionamentos. Basta descobrir o encaixe na engrenagem que movimenta o conformismo, e que nos desobriga de viver o protagonismo de nossa história.

É lamentável. As estruturas sociais em que estamos situados são fortemente marcadas pela transitoriedade. Sendo tudo tão passageiro, tão artificial e representativo, torna-se muito difícil a experiência de manter a identidade, de estabelecer o pacto com a graça divina que nos quer inteiros, posicionados em nossa verdade pessoal.

As estruturas imundas se multiplicam nos dias de hoje. Por não estarem comprometidas com o crescimento humano, elas são capazes de provocar nas pessoas o esquecimento da identidade, porque neutralizam o poder da graça de Deus na vida humana.

Existir sem qualidade não requer esforço, volto a dizer. Basta aderir ao movimento das estruturas que tornam a vida humana cada vez mais artificial. Basta dizer sim à massificação e ao movimento brutal dos desumanizados deste mundo. Basta se render àqueles que legitimam as forças das realidades caóticas do nosso tempo.

No espaço dos desumanizados, a subjetividade não tem valor. Não há preocupação para se preservar a sacralidade da pessoa e seu horizonte de sentido. Todo o esforço direciona-se à manutenção de uma estrutura de poder que cada vez mais fragiliza a vontade humana.

Meios de comunicação, estrutura política, econômica e até mesmo religiosa socializam uma proposta de cultura humana que definitivamente não está a favor do fortalecimento da identidade, mas, ao contrário, legitima o interesse em retirar o ser humano de seu prumo, deixando-o à deriva, num imenso mar em fúria.

Fragilizado, o ser humano fica vulnerável, e facilmente é roubado de si mesmo. Acrítico, passa a sorver a existência sem ter condições de pensar sobre ela. Entra no doce movimento do mundo que o entretém, em vez de desafiá-lo. Entretido, e sem perceber que o faz, abre mão de ser quem é para viver o modelo que lhe foi imposto. Em pequenas medidas, entrega-se diariamente ao movimento do caos. Permite que os invasores se alojem nas imediações de seus territórios e, aos poucos, bem aos poucos, vai cedendo à invasão.

Esta reflexão pode ser belamente amparada nos versos de Eduardo Alves da Costa quando nos diz:

> "Na primeira noite eles se aproximam e roubam uma flor do nosso jardim. E não dizemos nada. Na segunda noite, já não se escondem; pisam as flores, matam nosso cão, e não dizemos nada. Até que um dia, o mais frágil deles entra sozinho em nossa casa, rouba-nos a luz, e, conhecendo nosso medo, arranca-nos a voz da garganta. E já não podemos dizer nada."[1]

A invasão é lenta. E o pior, é ato permitido. O nosso medo autoriza o invasor. O não dizer é uma omissão terrível, é uma forma de autorizar o golpe. O outro nos banaliza aos poucos, avança em nossos territórios; toma posse do que amamos, pisa o nosso jardim, assassina os nossos

---

[1] *Poema intitulado "No caminho com Maiakovski". O poema é atribuído a Bertolt Brecht, mas a autoria é de Eduardo Alves da Costa.*

filhos; e porque nunca dissemos nada, agora é que já não podemos mesmo dizer.

Eles entram pela porta da frente, e até o mais frágil de todos é capaz de roubar-nos a luz. Fora da luz de nossa identidade, isto é, esquecidos de nós mesmos, somos presas frágeis diante dos promotores do caos. O medo nos fragiliza. Ao medo cabe o poder de paralisar os que não sabem do que são capazes. Esta ocupação do nosso território não é feita com alarde.

No mundo das representações, os sequestradores não estão encapuçados, tampouco nos surpreendem em vielas escuras. Eles andam às claras, e nem sempre sabem que estão a serviço dos desumanizados. Também eles foram vítimas de sequestro. Também eles não sabem que estão nos cativeiros do mundo moderno, transitando entre as condições de sequestrado e sequestrador. Eles desconhecem a grandeza do mundo. Pouco sabem do que realmente podem. Não exerceram o poder criativo do bem.

O elemento-chave para que essa incapacidade de percepção prevaleça é justamente a artificialização do mundo. Não sendo afeito à reflexão, o sujeito não se torna capaz de analisar as relações que estabelece, nem tampouco a maneira como escolheu viver.

Transita pelos territórios minados da estrutura dos desumanizados e sofre a triste condição de ser solitário e errante. Por não ser dono de si, dificilmente poderá se oferecer a alguém de verdade.

Viverá trancado em seu pequeno cativeiro, incapacitado de reconhecer que precisa de ajuda para sair. Ele, em sua miséria, abriga o universo inteiro. Engrossa a fila dos necessitados deste mundo, perde a oportunidade de fazer valer a sua existência, e passa a desempenhar um papel muito pouco digno de ser aplaudido por quem o vê atuar. O mundo nele não se recria, mas, ao contrário, acelera ainda mais o seu processo de destruição. Nele o caos ganha força, representação.

A vida tem nos ensinado. Onde houver um ser humano em processo de destruição, nele todo o universo vive a dor de morrer aos poucos. O contrário também pode ser verdade. Onde estiver um ser humano se renovando pela força da graça recriadora, nele todo o universo estará sendo recriado. Na condição de ser primeira morada do mundo, cada ser humano traz em si o dom de transformar o mundo inteiro, mas isso só será possível se ele viver o constante desafio de não perder-se de si mesmo.

Quando o sequestro da subjetividade se estabelece na vida de uma pessoa, o que acontece é justamente a perda de identidade. Fragilizada, perde o poder de lutar e de defender-se dos ataques que lhes são altamente nocivos. Seu mundo é transformado em imundo. O que era ordem transforma-se em caos. É o caos dos afetos, dos pensamentos, das diretrizes. É o caos lançando suas raízes tão destruidoras e profundas, neutralizando as iniciativas que poderiam gerar alguma forma de superação. É o mundo deixando de ser mundo, assim como nas histórias que veremos agora.

Dois casos de sequestro

O quarto era sombrio, imundo. A vida de quem o habitava também. Não parecia um espaço humano. Não insinuava vida, estímulo para felicidade. Recordava-me os lugares reservados para colocar esquecimentos, coisas que não necessitam estar à vista, depósito de objetos sem utilidade.

"Este é o quarto do meu filho!", revelou-me com voz embargada, cheia de tristeza, aquela mulher nem jovem, nem velha. Na confissão quase envergonhada de que aquele lugar estranho era o lugar da casa reservado ao seu filho, a mulher parecia pedir socorro, como se estivesse contando ter descoberto o lugar do cativeiro do filho sequestrado. Não, não era um lugar distante dos seus olhos. Não era como nas histórias clássicas de sequestro, em que os sequestradores escolhem um lugar distante para manter a vítima em estado de rendição. Era dentro da sua própria casa que os sequestradores mantinham o seu filho amado em condições inumanas.

Olhou-me com indignação, como se quisesse justificar-se de permitir aquele absurdo. "Meu filho dorme aqui!", repetia com tristeza. Parecia querer acreditar em motivos desconhecidos, estranhos à razão humana, que pudessem justificar a escolha tão errada de seu menino.

As drogas o sequestraram. Vítima da dependência química, aquele menino dotado de inteligência rara entregou-se aos maus-tratos que os entorpecentes causam na vida humana. O vício chegou de mansinho, assim como tudo na vida. Um cigarro hoje, uma cerveja amanhã. Drogas mais leves no início, depois as mais pesadas e, aos poucos, bem aos poucos, os sequestradores foram assumindo o controle de sua vida. Violência, roubos; tudo o que antes era inimaginável na vida do menino tornou-se real. A droga o fez assumir uma personalidade estranha, alheia, porque provocou nele o esquecimento de quem ele era.

Sequestradores costumam fazer isso com seus aliciados. Quanto mais esquecido ele estiver de sua natureza, maior será sua entrega aos poderes de quem o sequestrou, de quem o levou de si mesmo.

Sequestros do corpo; sequestros da subjetividade. Nem sempre é preciso levar o corpo, acorrentá-lo de maneira concreta, real. Há um jeito sutil de levar embora, de conduzir para fora, de fazer esquecer, de perder a pertença. Viciados não se pertencem mais. Estão sujeitos a uma necessidade que se opõe à liberdade. Perderam a condução da própria vida, porque foram levados por uma necessidade estranha, alheia, mas determinante.

A família já havia tentado ajudar de todas as maneiras. Internações, psicoterapia, tratamento psiquiátrico, mas nada deu certo. O menino morria gradualmente aos olhos de todos. Por muitas vezes a mãe vasculhava o seu esconderijo, seu cativeiro, para procurar a droga que o viciara tanto, mas de nada adiantava. Ela sempre soube que não resolveria retirar a droga de suas gavetas e bolsos. A droga que carecia ser retirada não estava fora, mas dentro dele, lá na raiz da dependência, onde um dia os traficantes, os sequestradores de seu filho, plantaram suas sementes tão maléficas.

Outra história. Ela era uma moça bonita. Beleza não convencional; beleza rara. Tinha quinze anos quando conheceu o rapaz. Ele chegou quando ainda não era tempo de chegar. Pediu da menina o que ela ainda não estava preparada para oferecer. Ela não soube dizer não. O encanto tem o poder de cegar os que estão encantados. Os encantadores sabem disso. Pouco a pouco, ele foi invadindo a sua casa, a sua vida, os seus valores. Feito um posseiro, desrespeitou as cercas e proclamou ser proprietário da vida daquela menina, que ainda tinha ares de criança. Aquela que até tão pouco tempo brincava de boneca agora tinha nos braços uma criança de verdade. Maternidade prematura.

Ele não a assumiu como esposa. Sumia e aparecia quando bem entendia. Ela era apenas um objeto de sua satisfação. Ela deixava que fosse assim. Não tinha forças para discordar. O encanto ainda continuava. Ele fez com que ela esquecesse todos a quem amava. Tornou-se uma estranha dentro da própria casa; perdeu a liberdade de pedir afeto, de demonstrar fragilidade, de voltar a ser menina, ainda que já tivesse outra criança nos braços.

Aquele rapaz não lhe deixara apenas um filho. Deixou-lhe também a dependência química do álcool. Dezesseis anos, mãe e alcoólatra. O processo de destruição foi rápido. Do álcool passou à cocaína e depois veio o craque. Numa manhã iluminada de setembro, ela apareceu morta, vítima de overdose, na garagem de sua casa.

Um destino cruel para quem poderia ter sido tanto na vida. Aquela manhã de primavera selou um sequestro que não teve resgate. Trágico fim, trágica continuidade na vida de seus pais e amigos.

Duas vidas, duas histórias escritas com tintas carregadas de sofrimento. Dois exemplos clássicos de sequestro da subjetividade. Ambas as histórias têm como protagonistas gente de pouca idade, vulnerável às imundícies de nosso tempo. Seduções que resultaram em tragédias. Realidades comuns nos nossos dias, em que as pessoas se tornam incapazes de romper com as forças que as destroem. Perdem o amor-próprio, deixam de cultivar os que amam; desamparam-se aos poucos até perderem o senso de direção.

O processo é sempre assim. O sequestrador afasta sua vítima de tudo o que para ela representa segurança. Quanto maior a insegurança, maior será o seu domínio. Sequestradores são especialistas em nos fazer esquecer nossos portos seguros. Ao sequestrado resta pouco. Terá de se acostumar com um alimento qualquer, com um cativeiro qualquer, e depois com uma vida qualquer.

O sequestrado perde o paraíso, é expulso da própria casa, é deserdado, porque perde o direito de possuir-se em sua riqueza original. Não sei se há perda maior que essa. Perder a possibilidade de ser. Ser privado da maior de todas as riquezas. Passar a representar o personagem que o sequestrador escreveu para sua atuação. Ele diz o que o sequestrado será. E, agora, o que lhe resta é seguir a fio sua definição.

Representar o papel que o outro escreveu é o mesmo que abdicar do direito de escrever a própria história, o próprio enredo. É permitir que a máscara seja colada na cara, ocultando assim o que se é.

Máscaras ocultam pessoas. Privam-nas de viver a dinâmica que a verdade proporciona, ou seja, levar o ser humano à posse do que é e assim colocá-lo à disposição dos que estão ao seu lado.

O conceito de pessoa, proposto pela reflexão cristã, é profundamente enriquecedor. Ele é estabelecido a partir de dois pilares, que serão tratados agora.

Ser pessoa é ter a posse de si

Ser pessoa é ter a posse de si

A PALAVRA PESSOA É MUITO COMUM ENTRE NÓS. Apesar de a repetirmos o tempo todo, nem sempre a aplicamos com a devida consciência de seu significado. Geralmente a compreendemos somente como referência primeira ao ser humano, mas creio que valha a pena mergulhar um pouco mais nos significados profundos para os quais a palavra pode nos apontar.

A palavra *pessoa*, do latim *persona* e do grego *prósopon*, foi amplamente sustentada na cultura como referente aos *disfarces teatrais*, e por isso ficou muito associada à personalidade representada pelo ator. Os gregos, grandes inventores do teatro, e certamente os maiores fundadores da cultura ocidental, legaram-nos essa palavra e essa derivação: pessoa é a máscara que o ator sustenta no rosto.

Mas o contexto cristão ultrapassou essa concepção e revestiu a palavra com um significado mais profundo. De acordo com a Antropologia teológica cristã, o conceito de pessoa deve ser compreendido a partir de dois pilares: ser pessoa consiste em *dispor de si* para depois *estar disponível*. Dispor de si é o mesmo que *ser de si, ter posse do que se é*. Esse primeiro pilar refere-se diretamente a tudo aquilo que já mencionamos a respeito da subjetividade. É a posse do eu fundamental, o irrenunciável que nos caracteriza em nossa singularidade.

É interessante perceber que a singularidade é um tesouro que não se esgota. Constantemente, vivemos a aventura de desvendar nossos territórios. É como se todos os dias fizéssemos uma caminhada pelo espaço onde está localizada nossa casa, e sempre descobríssemos lugares nunca antes percebidos. Uma vez descoberto, o território passa a incorporar o que somos. Olhamos e dizemos: isso é meu! Descobrir não é o mesmo que inventar. Nós já estamos em nós; o único esforço é descobrir o que somos.

Isso traz ao conceito de pessoa uma dinâmica que nos possibilita dizer que, enquanto estivermos vivos, estaremos constantemente aumentando nossa propriedade. Estaremos nos aventurando no duro processo do autoconhecimento, desbravando fronteiras, retirando as travas das porteiras que nos impedem de ir além do que já pudemos avançar em nós mesmos.

Cada pessoa é uma propriedade já entregue, isto é, dada a si mesma, mas ainda precisa ser conquistada. É como se pudéssemos reconhecer: "Eu já sou meu, mas preciso me conquistar", porque, embora eu tenha a escritura nas mãos, ainda não conheci a propriedade que a escritura me assegura possuir.

A disposição de si é dom. Deus nos entrega a nós mesmos o tempo todo. É presente que tem o poder de nos encantar pela vida inteira. Presente grandioso que requer calma no desembrulho. Vamos, aos poucos, tomando posse, retirando lacres, descobrindo detalhes. Tornar-se pessoa é aventura constante de busca, e o resultado dessa busca é a disposição de si.

O segundo pilar do conceito de pessoa consiste em *estar disponível*. O que dispõe de si tem possibilidade de dispor-se aos outros. Depois de assumida a propriedade, aquele que se possui passa a ter condições de receber visitas. Ser visitado é também um jeito de reconhecer o que possuímos. A presença do outro nos indica o que somos. O encontro nos diferencia num primeiro momento para depois nos congregar. No processo da diferenciação está a posse de si mesmo. Olhamos para o que o outro é e descobrimos que não somos o outro. Já no processo de congregação, somos desafiados a unir o que somos àquilo que os outros não são. O contrário também é verdadeiro. Unimos o que ainda não somos àquilo que os outros já são.

Somos semelhantes às tramas dos teares. Os fios se entrelaçam para juntos formarem o tecido. Em suas cores diversas, eles não deixam de ser o que são; apenas entram na trama que comporá o todo.

Outro exemplo interessante é o mundo das palavras. Uma palavra na solidão tem um significado particular. Quando colocada no contexto da frase, porém, ela amplia a sua capacidade de significar. É o abraço das palavras que gera o significado da frase. Ser pessoa é, antes de qualquer coisa, ser uma palavra, para depois ser frase.

Nisso consistem os dois pilares do conceito de *pessoa*. Possuir-se para disponibilizar-se. É a vida na prática, é a trama da existência e sua riqueza insondável. Encontros e despedidas. Passagens transitórias, chegadas definitivas. Vida se desdobrando em pequenas partes. Eu me encontrando, surpreendendo-me com facetas desconhecidas de minha personalidade, assumindo e incorporando todas as novidades no que já está assimilado. Eu misturando minha vida na vida do outro, encontrando-o, permitindo que nossos significados nos congreguem. Eu saindo da solidão de minha condição de posse de mim para alcançar a proeza de ser com o outro. Antes, a solidão do eu; depois, o estabelecimento do nós. Encontro de pessoas. Um ***eu*** que se encontra com um ***tu*** e que juntos estabelecem um ***nós***.

Martin Buber, grande nome da filosofia personalista, nos propõe esta bela e fecunda verdade. No encontro entre um ***eu*** e um ***tu***, uma terceira pessoa de existência própria se estabelece.[1] Nossos olhos não podem enxergá-la, mas a nossa sensibilidade nos aponta para ela. O ***nós*** é o que resulta do encontro entre o ***eu*** e o ***tu***. Talvez seja por isso que os outros nos despertem simpatias e antipatias. Gostamos mais de estar com uns que com outros justamente por causa disso. O que nos atrai no outro é a terceira pessoa que conseguimos fazer nascer quando estamos com ele.

Esse processo de agregação possibilita ao ser humano o crescimento de seu horizonte de sentido. Tornamo-nos mais ricos com a presença dos que nos agregam. Relações saudáveis são relações que nos devolvem a nós mesmos – e, o melhor, devolvem-nos melhorados. O outro, ao passar pela nossa vida, encontra-se com nossa subjetividade. Ao estabelecer conosco uma relação, ele está nos permitindo adentrar

---

[1] *É importante salientar que, embora a reflexão de Buber seja importante para o nosso contexto, ela ainda não alcança o significado a que necessitamos chegar. Buber não se ocupa com a "subsistência". Seu empenho está em relatar o segundo aspecto do conceito de pessoa. Sua reflexão está situada no encontro e não nas fontes particulares que geram o encontro. Este avanço quem o faz é Zubiri, que salienta a necessidade de pensar a relação humana a partir do momento da subsistência, para depois chegar aos encontros e atos dela surgidos.*

o seu território subjetivo. Esse encontro faz surgir uma terceira pessoa, o *nós*. Respeitadas as subjetividades, isto é, não deixando de ser quem são, o encontro humano integra as partes, entrelaçando-as sem que se confundam.

O amor talvez seja isso. Encontro de partes que se complementam, porque se respeitam. E, no ato de se respeitarem, ampliam o mundo um do outro. O recém-chegado não reduz o mundo de quem se deixou encontrar. Porque o amor não empobrece. O amor, mesmo quando divide, só multiplica.

As caricaturas do amor são prejudiciais porque fazem absolutamente o contrário. Diminuem o horizonte, restringem, aprisionam, sequestram. Em nome do amor, cometemos atrocidades. Amarramos os outros em nós, porque nos equivocamos na compreensão do que consideramos ser amor. Amar não é fazer do outro nossa propriedade. Ninguém é tão completo que seja capaz de preencher totalmente as necessidades do outro. É absurdo pensar que nós possuímos todos os elementos de que o outro precisa para o seu crescimento. Por isso, há modalidades de amor.

O namorado que chega não tem amor paterno para oferecer. E por isso não terá o direito de afastar a menina de seu pai. Ele não tem amor de mãe, de irmão. Ele é portador de um amor novo que chegou, e por isso encantou, mas não é o amor único. Ele é recém-chegado, o amor de que ela dispõe na família é muito importante para que continue se construindo como pessoa.

É nesse momento que necessitamos de muita sabedoria para não nos prejudicarmos com nossos amores. O risco do sequestro está na pretensão do novo que chegou. Ele não pode desconsiderar o mundo particular e subjetivo construído antes de sua chegada. Sua presença deverá enriquecer, e não o contrário. Vivendo a condição de novo que acaba de chegar, seu papel será, num primeiro momento, observar. Amar é antes de tudo conhecer. É investigação da história, dos sentimentos, dos desejos, medos e anseios. Só quem ama tem disposição de ir além da superfície.

No aprimoramento da visão que temos do outro seremos capazes de identificar o quanto amamos, ou não. Quem ama quer conhecer. O objetivo é simples: acrescentar, multiplicar em vez de subtrair.

Não é tão simples saber se o outro nos ama ou não, mas há uma pergunta que podemos nos fazer e que contribuiria para que nos aproximássemos de uma resposta. Depois que ele chegou, a nossa vida, nosso mundo, diminuiu ou dilatou-se?

Sempre que alguém chega à nossa vida, nunca vem sozinho. Ele traz o seu horizonte de sentido. Pessoas, coisas, valores, ideias. Traz o alicerce que o faz ser o que é.

O exemplo é simples e nos ajuda a entender. É impossível comprar uma casa considerando somente fachada, paredes e acabamentos. Não é possível transplantar uma casa. Se quiser a casa, terá de ver o local em que ela está construída. É preciso que estejamos atentos quanto à sua localização. É preciso analisar onde ela está alicerçada. Para qualquer mudança que queiramos fazer, teremos de considerar a sua estrutura fundamental.

Casas e apartamentos são construídos a partir de alicerces, paredes e vigas de concreto. As paredes podem até sofrer alterações, mas as vigas de concreto terão de ser respeitadas. Retirar vigas é prejudicar a sustentação da construção, a estrutura não poderá sofrer mudanças.

O processo de feitura da pessoa humana é semelhante às construções. Desde nossa vinda ao mundo, recebemos um formato, uma estrutura. Amar alguém consiste em observar onde estão as vigas de sustentação, para que não corramos o risco de derrubar o que a faz permanecer em pé. O interessante é que a construção poderá ser reformada, melhorada, sobretudo nos acabamentos. O amor é criativo, dribla os limites, supera expectativas.

Pessoas são como casas. Possuem históricos que necessitam ser respeitados. Não acreditamos que alguém se interesse por uma propriedade para torná-la pior. Se alguém precisa comprar uma casa, já o fará pensando nas melhorias que poderiam ser feitas, mas regredir nunca.

Se nossas relações com as coisas são assim, cheias de cuidados, muito mais deveriam ser com as pessoas. Nossos encontros, ainda que rápidos e transitórios, deveriam ser motivados pelo desejo de fazer crescer, melhorar, avançar aqueles que encontramos, e a nós mesmos.

É assim que podemos intensificar o nosso processo de *ser pessoa*. À medida que motivamos e somos motivados para o autoconhecimento, tornamo-nos proprietários do que somos e colocamo-nos à disposição dos outros. É muito interessante perceber que onde existe uma pessoa de verdade, isto é, no sentido exato do termo, ali outras pessoas também estão sendo motivadas a viver o mesmo. A razão é muito simples. O processo de tornar-se pessoa é contagiante. Quando encontramos alguém que verdadeiramente está desbravando seu universo de possibilidades e limites, de alguma forma nos sentimos motivados a fazer o mesmo.

Pedido

Ajude-me a chegar ao que sou
Fazendo o mesmo, buscando-se
também.
Ajude-me a ver o que só você viu,
Para que eu seja capaz de amar
O que só você amou.

O EQUILÍBRIO DOS PILARES

O EQUILÍBRIO DOS PILARES

COMO VIMOS, O PROCESSO DE SER PESSOA ESTÁ diretamente ligado à problemática do sequestro da subjetividade. A razão é simples. Se uma pessoa está privada de ser ela mesma porque está trancafiada em uma relação de sequestro, é natural que ela deixe de dispor de si mesma e consequentemente deixe de dispor-se aos outros.

O sequestro da subjetividade deixa marcas nas duas perspectivas: indispõe a pessoa para si mesma e também para o outro. Dessa forma, temos duas realidades que podem ser assim simplificadas: ou vivemos só para nós ou vivemos só para os outros. Nos dois casos há um grande erro sendo cometido.

Viver a dinâmica que o conceito de pessoa nos sugere é trabalhoso. Se nos fecharmos na disposição do que somos, e se não dermos o passo na direção do outro, cairemos numa espécie de solipsismo[1], ou então numa negação da subjetividade concreta.

---

[1] *Solipsismo: vida na solidão.*

O eu, na solidão, sem interação, não poderá crescer. O outro tem o poder de indicar nossas possibilidades e limites. O que dispõe de si mesmo carece de entrar na disponibilidade das relações. Elas o aperfeiçoarão. Por outro lado, a conjugação deste *nós*, sem que antes tenha ocorrido a disposição do *eu*, caracteriza-se como forma de comunitarismo infértil. A qualidade da vida social está diretamente relacionada à qualidade das pessoas e suas articulações particulares.

Antes da disponibilidade para o outro, é indispensável a disposição de si, porque só assim haverá liberdade e respeito ao que o outro é. Só quem é dono de si pode oferecer-se aos outros sem tantos riscos de se perder no outro.

O desafio consiste em equilibrar os dois pilares. Não há pessoa sem a solidão do eu, tampouco há pessoa sem a interação plural. As duas realidades se complementam. A qualidade humana das relações depende das dosagens que fazemos desses dois pilares. As medidas do meu ser precisam ser balanceadas com as medidas daqueles que são e estão ao meu lado.

Um ser humano bem equilibrado e socialmente saudável consegue identificar essas medidas, e empenha-se para que uma realidade não estrangule a outra. Quando essa conduta não é assumida, o que temos é uma relação que pode provocar o sequestro da subjetividade.

Relações que sequestram são aquelas em que um *eu* tenta sufocar outro *tu*, reduzindo-o a mero instrumento de sua afirmação. O outro não é considerado em sua alteridade, mas é visto como extensão das necessidades de quem o enxerga.

A esse processo, Martin Buber chamou de relações objetais. O outro é visto como um *isso* e não como um *tu*. Não há epifania da sacralidade do outro. Feito um objeto, o outro perde o direito de ser ele mesmo, desprende-se de sua identidade, de sua condição real, e passa a ser *coisa* na mão de quem o desconsidera.

Alguém, quando é colocado na condição de *algo*, vive a negação de sua dignidade; desumaniza-se, porque deixa de ser considerado como pessoa, e passa a viver a condição de objeto. Deixa de ser *organismo* para se transformar em *mecanismo*.

Nos sequestros do corpo, esse processo é evidente. O sequestrado não tem valor como pessoa. É uma coisa a ser negociada. É um bem útil que será avaliado e possivelmente trocado. É um mero mecanismo para se chegar a um objetivo. Um mecanismo que satisfará a necessidade que o sequestrador tem para alcançar um resultado.

No sequestro da subjetividade, o mesmo acontece. O sequestrador passa a ser o proprietário. Ele definirá o ritmo da relação, e o sequestrado, vivendo a condição de vítima, será incapaz de reagir de forma contrária aos desejos de seu proprietário. O rapaz e sua dependência química, a menina e seu namorado são exemplos dessa incapacidade de romper com o sequestrador.

O sequestrado, por estar impossibilitado de decidir por si mesmo, se rende a essa relação. O medo de ser deixado, abandonado, o encoraja a sofrer todos os malefícios. Nesse caso, vale aquela máxima popular: "Ruim com ele, pior sem ele!"

É lamentável, mas esse discurso tão cheio de conformismo é muito mais comum entre nós do que supomos.. Ele evidencia o quanto as pessoas estão indispostas para um rompimento com as relações de sequestro, justamente porque a quebra do cativeiro gerará um sofrimento nos sequestrados.

No caso dos dependentes químicos, o sofrimento da abstinência e, nos dependentes afetivos, o sofrimento ao romper os vínculos.

Por isso, a dificuldade em tomar iniciativas. O cativeiro, por pior que seja, acabou por se tornar um lugar seguro. O sequestrado fica esquecido da vida livre; já não sabe como é ser gente fora das prisões. Esqueceu da condição real que Deus lhe imprimiu na alma e vive como se fosse escravo. O tempo no cativeiro o fez acostumar-se com a escravidão.

Quem sobrevive de qualquer maneira facilmente também se considera qualquer pessoa; inclui-se no contexto da multidão como se fosse apenas mais um. É a cultura do *qualquer jeito* que tem anestesiado tanto as pessoas para as transformações necessárias. A mediocridade existencial tem sido a opção mais fácil.

Esse é o resultado psicológico de tal modalidade de sequestro. O que temos é uma vítima acostumada com a violência que sofre. A vítima torna-se a principal responsável pela condição mantida. É a violência assumindo o seu caráter destruidor e definitivo. Violência sutil, que não tem as mesmas características do ato violento declarado.

Façamos essa distinção.

Violências declaradas e violências veladas

Ato violento é tudo o que atenta contra a pessoa e lhe causa danos. O contexto da violência é bastante amplo. Ela pode se manifestar de formas muito diversas, de maneira que podemos falar de violências declaradas e violências veladas.

Essas modalidades de violência, de alguma forma, são desdobramentos dos temas que estamos abordando: o sequestro do corpo e o sequestro da subjetividade.

Quando falamos de violência declarada, estamos lidando sobretudo com os atos da corporeidade. A violência explícita, sem máscaras, inegável. O corpo que sofre a violência é a prova concreta do desrespeito. Nele, há evidências de que houve uma invasão de território, um delito. O corpo sofre na carne as consequências da violência declarada. Constantemente experimentamos os medos dessa modalidade. Medo de assalto, sequestro, latrocínio, acidentes; tudo constitui um quadro que contemplamos diariamente nas paredes de nossa vida.

Por outro lado, as violências veladas são as invasões sutis que não podem ser vistas com facilidade. Trata-se de um processo silencioso com o poder de minar a subjetividade humana e privá-la de sua autonomia.

Um exemplo simples que sempre me ocorre é a história de uma senhora que encontrei casualmente no aeroporto. Seguimos juntos a viagem e, depois de algumas horas de conversa, ela me contou que sempre quis ser médica, mas o pai a proibira, porque desejava que ela fosse advogada. Tentou de tudo para convencer o pai de sua aptidão para as ciências biológicas, mas nada fez com que o pai mudasse de ideia.

Nascida num tempo em que filhos não costumavam se opor às determinações dos progenitores, desistiu de seu sonho. Estudou Direito, mas nunca conseguiu trabalhar na área. Casou-se, limitou-se às atividades domésticas e acabou não realizando o seu sonho. Era visível em seus olhos o prejuízo existencial que ela havia sofrido. Era fácil identificar em sua fala o quanto fora violentada ao ser impedida de estudar o que realmente desejava.

Essa história retrata uma forma de violência terrível. Alguém se levanta contra o sonho que não é seu e determina o destino do outro como se estivesse determinando o próprio. Foi uma violência, uma crueldade que marcou definitivamente a vida daquela mulher. Ao submeter-se à imposição de seu progenitor, ela desertificou o território de seus sonhos. Nunca mais experimentou a inteireza do ser, pois lhe foi negado o direito de desenvolver suas aptidões.

Violências semelhantes podem acontecer no seio da vida conjugal. São violências domésticas, posturas arbitrárias que marcam as relações no casamento, quando há a prevalência de uma das partes por meio da força psicológica que coage e medra. Nesse caso, os violentados não exibem marcas no corpo que denunciem a violência sofrida, porque não há agressão física. O que se agride é mais profundo, vai além do que nossos olhos podem ver.

Há quem exerça o domínio sobre os outros sem ao menos aumentar a voz. A autoridade, nesse caso, não passa pelos códigos que identificamos como agressividade. O que há é um processo de rendição por meio do medo e da coação. A violência velada deixa marcas no caráter, porque inibe o florescimento e o desenvolvimento da personalidade.

As relações humanas estão sempre vulneráveis aos riscos dos atos violentos velados. Podemos identificar muitas delas, mas, neste momento, queremos observar uma relação profundamente problemática nos dias de hoje: pais e filhos.

Uma das consequências da grande crise de valores vivida pela sociedade contemporânea é justamente a indefinição dos papéis familiares. Se no passado existia o risco da autoridade exacerbada, como no caso do pai que não permitiu que a filha seguisse sua vocação profissional, hoje vivemos o risco da ausência de referencial de autoridade.

Pais que não sabem como dosar a liberdade de deixar que os filhos cresçam. Pais que não sabem realizar a intervenção necessária para ajudar a nortear o crescimento. É a crise dos papéis. Filho já não sabe ser filho, na mesma medida em que pais não sabem ser pais.

Nesse descontrole, que tem sempre como foco o desejo de acertar, afinal, ninguém quer errar na educação dos filhos, encontramos uma violência velada sendo praticada contra crianças e adolescentes.

Quando um progenitor permite que o filho faça o que bem entender de sua vida, uma violência terrível é cometida. Se por um lado a proibição arbitrária se configura como violência que impede o crescimento da pessoa, por outro, a permissão deliberada e sem critérios torna-se fonte da mesma privação.

Cada vez que uma criança ou um adolescente é exposto ao direito de decidir o que ele ainda não está preparado para decidir, um ato de violência é cometido. A autoridade é um direito. Sim, uma criança cujos pais abrem mão de nortear sua educação a partir de permissões e negações, está privada da autoridade construtiva. Ao ser privada de ter alguém que lhe diga não no momento certo, o não que a protegerá de sofrimentos futuros, a criança está sendo violentada.

O exercício da autoridade consiste em zelar pela criança. A tutela responsável considera que menores não podem ser expostos a situações para as quais não estão preparados. Portanto, é violência permitir que assuntos que não são próprios do universo infantil sejam tratados na presença de crianças. É violência cada vez que uma criança é vestida como se fosse um adulto, e dela é solicitado um comportamento que não condiz com sua idade.

Expor uma criança à necessidade de ser adulto ou exigir dela a compreensão de um universo diferente do seu é o mesmo que expô-la à orfandade. O resultado dessa violência é profundamente comprometedor na vida daquele que a experimenta. Crianças sem limites podem se tornar adultos imaturos. Violências veladas e violências declaradas. Violentados legitimando o poder daqueles que os violentam. Ambos privados da relação que tem o poder de promover a dignidade e o aperfeiçoamento do ser humano.

Duas histórias para ajudar a entender:

O GRANDE AGRESSOR

Ela me olhou cheia de receios. Os olhos estavam muito inchados. A pele escurecida por hematomas era a denúncia que não carecia de palavras. A violência havia passado por ali.

A boca com um corte no canto esquerdo dificultava sua fala. Voz mansa, embargada por rompantes de choro doído. Choro de quem não sabe pedir ajuda.

Ela era uma mulher bem-sucedida, emancipada. Bancária, mãe de três filhos que já cursavam faculdade na capital, dividia o lar com seu marido, um empresário que não se especializou na arte de amar.

Ele entrou na sua vida quando ela ainda era uma adolescente. O casamento aconteceu dois anos depois de iniciado o namoro. Ela não teve muita escolha. Vida no interior é assim. O casamento parece ser obrigação a ser cumprida, ainda que não exista amor.

Os atos de violência começaram alguns meses depois de casados. Primeiramente os gritos que não existiram durante o namoro, depois pequenos empurrões, até chegar ao absurdo de surras que a deixavam marcada por todo o corpo.

No dia em que me pediu ajuda, ela já acumulava 52 anos, dos quais 34 vividos ao lado do seu agressor.

Reconheceu que não sabia mais o que fazer, mas já se dera conta de que tinha de fazer alguma coisa. As agressões não estavam apenas na sua pele. Estavam em toda a sua alma. Cicatrizes no corpo nos recordam o sofrimento do corpo, mas há outras cicatrizes mais profundas que não conseguimos enxergar com facilidade. Aquela mulher chorava por razões novas e antigas. A primeira surra, já distante no tempo, quase 34 anos atrás, ainda doía em algum lugar da alma.

Perguntei a razão de sofrer calada até aquele dia, e ela me confessou que tinha medo de que, ao contar para alguém, pudesse perdê-lo. Os filhos não sabiam das agressões.

Tudo foi muito velado ao longo da vida, e aquele último episódio veio a público porque um vizinho escutou os objetos sendo quebrados durante a agressão e entrou na casa.

Ela não conseguia olhar nos meus olhos enquanto me dizia tudo isso. Preferia fixar a atenção no movimento das mãos que seguravam um pequeno pedaço de barbante. Enquanto contava os fatos, aquele pequeno barbante era enrolado e desenrolado nos dedos, como se tal movimento representasse o movimento da sua vida.

Eu ouvia sem saber o que dizer. Estava indignado. Indignação costuma cortar a fluência das palavras. Ousei perguntar se ela queria separar-se dele, e prontamente ela me disse que, se isso acontecesse, ela não saberia o que fazer da própria vida. E o barbante continuou sendo enrolado nos dedos...

Não pude fazer muita coisa. Ela não quis denunciá-lo à polícia. Embora eu soubesse que esta seria a atitude correta, tive de respeitá-la. Perguntei o que ela queria de mim. Olhando-me com serenidade, disse-me que só queria desabafar; apesar de eu ter idade para ser seu filho, ela sentira um desejo de que eu a tratasse como filha. E eu o fiz. Eu a abracei e lhe garanti que a apoiaria qualquer que fosse sua decisão.

Agradeceu-me e fui embora.

Aquela senhora não sabia viver longe de seu agressor. Amor de domínio, amor estragado. O tempo prolongado no cativeiro, quase uma vida inteira, retirou-lhe a coragem de falar dela mesma. Aprendeu a engolir o choro, a não reclamar dos maus-tratos. Subjugou seu coração ao domínio de um homem frio e insensível que se proclamou proprietário de sua história. Ela permitiu.

A surra que deformara seu rosto naquele dia teve início há muitos anos. Começou leve. Antes de ser tapa, foi grito. Permitido o grito, vieram os empurrões. Dos empurrões aos golpes violentos foi um salto curto. Tudo começa pequeno nessa vida; e só cresce se o permitimos.

Aquela mulher autorizou o invasor. Abriu o portão para que ele viesse pisar o seu jardim. E, depois de tanto tempo, descobriu que não possuía voz nem coragem para proclamar a ordem de despejo.

Pequenas permissões abrem espaços para grandes invasões. Grandes tragédias começam com pequenos descuidos. Desastres terríveis são iniciados com displicências miúdas. São as regras da vida. Se quisermos o fruto, é preciso que haja empenho no cultivo do broto.

O agressor não foi repreendido. Ele cresceu e alcançou força porque a própria vítima o nutriu. Os inimigos só podem sobreviver à medida que injetamos sangue em suas veias. O sangue de nossa permissão.

A vida nos jardins ensina-nos uma sabedoria milenar. Plantas precisam de podas para que não ultrapassem os limites estabelecidos. Não houve poda, e por isso a árvore avançou o território em que não poderia ter avançado. Árvores crescem sem disciplina. A tesoura de poda é que dará o rumo que a árvore poderá seguir.

O PEQUENO AGRESSOR

Uma outra história, uma outra mulher. Nessa mulher não existiam marcas de violência. O que havia era uma expressão de cansaço num rosto que parecia ter envelhecido antes do tempo. O rosto é o retrato da história vivida.

Nela, o sofrimento não nasceu de agressões de um marido que não soube amar, mas de um filho que, aos nove anos de idade, assumiu o comando da casa. Um filho sem limites, agressivo e totalmente arredio a qualquer regra.

Contou-me que o casamento havia terminado poucos meses antes. O marido, incapacitado de transformar a relação que ela estabelecera com o filho, resolveu ir embora definitivamente. Deixou de ser marido, mas também deixou de ser pai.

Ela disse que não fez muito esforço para que o marido permanecesse. Alimentava a ilusão de que, com sua ausência, o filho pudesse se tornar mais dócil, mas isso não aconteceu.

Contou-me também que o marido não teve muita influência na educação do menino. O trabalho o retirava rotineiramente da vida familiar, e, nas poucas vezes em que tentava alguma forma de repreensão, a mãe o desautorizava severamente.

Envergonhada, confessou-me que, por duas vezes, o menino a agredira fisicamente. Na primeira ocasião, a reação agressiva foi pelo simples fato de ela ter passado pela sala e sem perceber ter levado com o pé o cabo do videogame. Arremessou-lhe uma tesoura e a machucou na perna.

A segunda agressão resultou de uma pergunta corriqueira, coisa de quem ama: a mãe apenas perguntara se o filho já havia tomado café.

A envelhecida mulher salientou um detalhe interessante. Confessou-me que, mais doído que receber uma agressão física do próprio filho, foi ouvi-lo gritar o desejo de matá-la.

Depois disso, ela percebeu que precisava de ajuda. Recorreu a uma psicóloga, mas o menino se recusou a entrar no consultório. A psicóloga a alertara para a necessidade de retomar a autoridade sobre a criança, mas ela não soube nem tentar.

A vida não estava fácil. Permanecia refém do seu amor. Reconheceu que errou por amar de um jeito errado. Não, ela não queria errar. Queria apenas livrar o seu menino da infância triste que ela vivera ao lado de um pai agressor. No ímpeto de fazer-lhe bem, acabou por alimentar no filho uma personalidade sem controle e monstruosa.

Admitiu temê-lo. Reconheceu que escolhe as palavras para falar com ele, porque teme sua reação. A relação está invertida. O filho assumiu o controle da mãe. Ele tem acesso ao seu medo, sabe que é soberano porque reconhece a fragilidade da mulher que não quer errar.

Não querer errar é uma fragilidade terrível. O medo do erro

nos neutraliza as forças e não nos permite ir além de nosso pequeno mundo.

O pequeno homem de apenas nove anos de idade é o seu agressor. No relato daquela mulher, pude identificar o sofrimento que nasce da boa intenção. Mas boas intenções não salvam o mundo. É preciso algo mais. É preciso a constante vigilância do discernimento que nos assegura se nossas intenções estão de fato alcançando o melhor resultado. Amores cegos podem nos conduzir ao caos.

A dura experiência de uma mulher que aos 37 anos de idade é refém de seu filho de nove é a prova concreta dessa afirmação. Os dois estavam marcados por limitações fecundas: o menino, privado de ser educado de maneira correta, e a mãe, privada de sua autoridade e de sua própria liberdade. O amor não pode ser cego. Caso contrário, ele nos coloca no cativeiro, gera privações.

Na tentativa de livrar seu filho do sofrimento que um dia havia experimentado, ela o privou da disciplina que gera caráter. Filho que não é criado a partir de limites estabelecidos é filho sem pai e sem mãe. O limite é a expressão concreta do amor dos pais. Eles delimitam o território para que o filho cresça sem ser tão vitimado pelos males que são próprios dos dias de hoje.

Ouvi o desabafo daquela mulher e confesso que não soube muito o que dizer. Reverter um quadro como esse requer muita sabedoria. Sugeri ajuda terapêutica para os dois.

A necessidade de ambos diz respeito à posse de suas identidades. Eles não sabem o que são na relação que estabeleceram. A mãe precisa saber que é mãe e o filho que é filho. Como vimos anteriormente, a identidade assumida nos posiciona a partir do que podemos, mas também do que não podemos. Que mudem as mentalidades, porém uma coisa não poderá ser mudada: pais e mães não podem abdicar da responsabilidade de educar os seus filhos, e educação é o processo amoroso de estabelecer limites. Se isso não está acontecendo, então temos alguma subjetividade sequestrada, isto é, uma pessoa ausente de si mesma, distante de seu papel.

Duas histórias de agressões originadas de fontes tão distintas. Um marido agressivo e um filho sem limites, mas ao mesmo tempo comportamentos semelhantes. Vítimas que construíram seus agressores, aos poucos, bem aos poucos.

Isso nos leva a entender que a seriedade da violência não depende do tamanho de quem agride. Uma criança tem o mesmo poder que um adulto, desde que a ela seja dada a autoridade. O que legitima a violência é a autoridade que entregamos ao agressor.

O desafio constante das relações humanas é preservar a liberdade das pessoas. Quando a liberdade é negada, a relação passa a representar um sério risco, porque atenta diretamente contra a fonte geradora da pessoa. Não há pessoa sem a experiência da liberdade.

LIBERDADE: DO SIGNIFICADO À REALIDADE

Liberdade: do significado à realidade

Já somos livres, mas ainda não. Parece um jogo de palavras, mas não é. Trata-se de uma perspectiva muito interessante que pode ser explicitada de maneira simples a partir de uma frase: nem tudo o que temos já é nosso, porque carece ser conhecido e conquistado.

É simples. Já parou para pensar nos inúmeros talentos e habilidades que você possui, mas que ainda não desenvolveu por falta de cultivo? É disso que estamos falando. Há talentos que só poderemos saber que os possuímos se nos empenharmos para despertá-los. É processual, isto é, carece de tempo, disciplina, projeto.

Liberdade é semelhante a um talento. É um elemento constitutivo humano desencadeado à medida que o ser humano se esmera no processo de torná-lo real. A conquista da liberdade se dá no mesmo processo do *tornar-se pessoa*.

Ao *tomar posse de si mesma*, a pessoa torna-se livre para ser para o outro. Um movimento gera o outro, de maneira que serei mais pessoa à medida que for mais livre, e mais livre à medida que for mais pessoa.

Toda vez que sofremos uma violência, de alguma forma nossa liberdade é ameaçada, isso porque um ato de violência tem o poder de repercutir diretamente na estrutura do ser. A violência, declarada ou velada, aprisiona nossa humanidade e a priva de viver o desafio de alcançar a si mesma.

Por isso, o desafio humano da liberdade consiste em tomar posse do que se é, mas que ainda não foi totalmente alcançado. Para entendermos melhor essa questão, vamos nos remeter ao contexto da filosofia de Aristóteles.

Há duas categorias filosóficas explicitadas na reflexão de Aristóteles, ambas de fundamental importância para uma compreensão mais acertada do que pretendemos analisar.

No afã de explicar a realidade, Aristóteles estabelece as categorias de *ato e potência*. Para ele, o movimento da vida parte sempre da potência ao ato, da privação à posse. O interessante é que as categorias aristotélicas sugerem uma interação constante. O ato é também potência porque está na circularidade do movimento.

É *ato* tudo aquilo que já é. É *potência* tudo aquilo que o ato ainda pode ser. Difícil? Creio que não.

É possível simplificar. Uma árvore é um ato em potência de se tornar inúmeras cadeiras. Afinal, uma árvore é matéria-prima que poderá ser transformada naquilo que o marceneiro determinar. A árvore é ato, mas é cadeira em potência, da mesma forma como pode ser também uma mesa.

As categorias de ato e potência conferem uma dinâmica para a vida. Além delas, Aristóteles estabelece duas outras que serão fundamentais para nossa reflexão. São as categorias de *essência e acidente*.

Essência é o fundamento que gera a realidade, isto é, que a faz ser o que é. A essência dá identidade ao ser. Refere-se ao âmago daquilo que é. Já o acidente é apenas um elemento que se refere à essência, mas que não é determinante para o que é essencial. Exemplo que ajuda a entender: uma flor (essência) pode ser grande ou pequena (acidente). O tamanho da flor não modifica a sua condição essencial. É uma flor, mesmo pequena.

Trazemos aqui as categorias aristotélicas para que elas nos ajudem a entender o processo da liberdade em nós.

Para a Antropologia teológica cristã, a liberdade é considerada a partir do dom que se concretiza aos poucos, por meio do esforço humano. Apesar de livres, ainda não somos totalmente o que somos, isto é, somos livres mas ainda experimentamos prisões em nossa vida. É por isso que podemos nos compreender como realidades processuais, isto é, estamos em constante processo de feitura. O ser humano se constrói aos poucos. Tudo já está nele, mas é preciso conquistar-se, alcançar a essência; caso contrário, corre-se o risco de morrer sem ter chegado ao que essencialmente se é.

O fundamental já nos foi entregue, mas o que agora temos diante de nossos olhos é a árdua tarefa de levantar as paredes da construção que podemos ser. Cada ser humano, ao seu modo e tempo, vive essa aventura de desvendar-se.

O autoconhecimento é condição irrenunciável para uma existência feliz e realizadora. É por meio dele que a pessoa alcançará o instrumental de sua realização, visto que ele é desvelamento de possibilidades e limites. Nenhuma realização é possível quando se desconsideram os elementos constitutivos da sua condição. Ser humano é poder, mas também é carecer. Se por um lado temos as possibilidades, por outro temos as carências.

A liberdade é elemento constitutivo do ser humano; é estatuto, condição, mas precisa ser considerada como dom que se desdobra na tarefa.

Parece estranho, mas é simples. A liberdade que há em nós precisa ser libertada. Assim como a semente (uma árvore em potência) condensa todas as possibilidades da árvore que um dia virá (uma semente em ato), também o ser humano condensa em si inúmeras possibilidades que dependerão de atos que as desencadearão.

A semente já é a árvore, mas em potencial. Terá de passar pelo processo de superar todas as adversidades de seu espaço, para finalmente chegar a ser o que já era em potencial. Será necessário crescer, lutar para alcançar tudo o que já é, mas em potencial.

Exercitando liberdades: liberdade fundamental e liberdade eletiva

Exercitando liberdades: liberdade fundamental e liberdade eletiva

A liberdade está para o ser humano assim como a semente está para a árvore. É potência. É vocação, mas é também luta e empenho.

Quando falamos dessa liberdade que já está no ser humano, mas que precisa ser conquistada, estamos nos referindo a uma liberdade fundamental, que também pode ser chamada faculdade entitativa[1], isto é, uma condição irrenunciável, um estatuto que nos identifica e nos diferencia. Essa liberdade fundamental é elemento constitutivo do ser humano. Está na semente, na essência que se desenvolverá ao longo da vida.

Por outro lado, temos a liberdade circunstancial, categorial[2]. Essa

---

[1] *Entitativa: referente ao ente, ao ser. Aquele que tem existência. O que é; o que existe.*

[2] *Categorial: classificação das realidades. Escolher é classificar a realidade. Isso é bom, isso é ruim. Isso me fará bem, isso me prejudicará. O carro vermelho é mais bonito que o preto, e assim por diante. Liberdade categorial é a liberdade de toda hora. São as escolhas mais simples do dia a dia.*

experiência de liberdade se dá nas circunstâncias da existência. A vida humana é exercício constante do que chamamos de liberdade eletiva, isto é, liberdade que nos ajuda a fazer escolhas. É a resposta que damos a nós mesmos e aos outros, diante das inúmeras interpelações e alternativas. Essa liberdade é relativa, porque sofre variações. O inegável é que a moldura da vida é composta dessas pequenas escolhas.

Liberdade eletiva é liberdade de toda hora. São as respostas para as perguntas mais simples. Aonde vou? Que roupa usarei? O que faremos para o almoço? Coisas simples que passam pela nossa eleição de toda hora.

Liberdade entitativa é mais profunda. São as respostas para as perguntas mais fundamentais. Quem sou eu? Quais são minhas possibilidades? Quais são meus limites? O que tenho feito da minha vida? Por que tenho medo?

São questões que ultrapassam o superficial dos dias. São mais elaboradas, mas deveriam passar o tempo todo pela nossa reflexão.

O interessante é perceber que essas duas formas de liberdade estão naturalmente entrelaçadas. A liberdade mais profunda é construída diariamente no exercício das pequenas escolhas. Aqui está uma chave que vale a pena levar conosco. Ela nos abrirá muitas portas. Quando fico atento às escolhas mais simples, aquelas que a todo momento eu realizo na minha história, de alguma forma já posso saber se estou aprisionando ou se estou libertando a minha liberdade fundamental. Se nas circunstâncias da existência faço escolhas que confirmam a minha liberdade fundamental, estou sendo livre de fato. Estou regando bem a minha semente, para que ela se transforme na árvore que traz dentro de si.

Mas se nas circunstâncias da minha vida faço escolhas que me aprisionam, estou deixando de fazer aflorar o meu fundamento. O que aparentemente parece inofensivo a nós, acaba comprometendo nossa inteireza. A liberdade fundamental depende das liberdades categoriais.

O exemplo é simples e pode nos fazer entender. Temos uma escultura preciosa, rica de detalhes, mas que está muito empoeirada. Cada pedaço dessa escultura submetido a um processo de limpeza revelará a beleza que a poeira insiste em esconder. Se, em vez de limpar, optarmos por expor a escultura a novas nuvens de poeira, os detalhes da beleza ficarão ainda mais ocultos.

A liberdade fundamental é uma escultura belíssima que todos nós trazemos cravada no mais profundo de nossa condição humana. A liberdade circunstancial, categorial, é a oportunidade que temos de trazê-la à tona, ou não.

A experiência humana nos ensina que o amor condensa o poder de fazer o outro ser livre. É disso que estamos falando. Amar concretamente alguém consiste em viver a responsabilidade, a proeza de ter de retirar os excessos que ocultam suas belezas. Amar é assumir a responsabilidade de viabilizar o florescimento da liberdade fundamental que há no outro.

Todo gesto humano, por menor que seja, pode se tornar significativo no processo de conquista e alcance dessa liberdade fundamental.

Somos históricos, isto é, vivemos situados, contextualizados, e essa experiência histórica é determinante para nossa busca. Cada um, ao seu modo e intensidade, está intervindo no processo dos que estão mais próximos. Creio que seja sempre necessária uma análise minuciosa de nossa influência na vida dos que estão mais próximos de nós.

Nosso jeito de viver pode promover, ou não, a liberdade fundamental daqueles que fazem parte de nosso horizonte de sentido. Se nós dizemos que amamos, então precisamos ser instrumentos de libertação na vida dos que dizemos amar. O que dá testemunho de nosso amor não é a declaração que a linguagem das palavras nos permite, mas é a linguagem dos gestos que concretizamos diariamente.

Só o amor faz ser livre, porque ele quebra os cativeiros que nos aprisionam. Ele tem o dom de devolver a liberdade, e por isso não há experiência de amor fora da liberdade. Ninguém pode ser amado e ao mesmo tempo ser mantido cruelmente na prisão. Não podemos acreditar no amor de quem nos aprisiona e nos mantém em cativeiro.

O amor verdadeiro é o amor que faz ser livre, que faz ir além, porque não ama para reter, mas para promover. Amor e liberdade são duas vigas de sustentação para qualquer relação que pretenda ser respeitosa.

Se Deus nos fez livres, o amor de quem nos encontrar pela vida não pode ser contraditório ao amor que nos originou. O outro que acabou de chegar não tem o direito de se tornar obstáculo para *Aquele* que nos sustenta em nossa condição primeira. Se quiser nos amar, se quiser fazer parte de nossa vida, terá de ter diante dos olhos o que somos, o que ainda podemos ser, e não o que gostaria que fôssemos. O amor só acontece quando deixamos de imaginar. Só a realidade autentica o amor, atesta sua verdade.

Estamos em processo de feitura, e Deus nos devolve a nós mesmos o tempo todo. Ele nos devolve pelas mãos históricas de quem nos encontra, de quem nos ama. É o amor humano de Deus, manifestado em minha vida pela força de pessoas concretas, cheias de voz e de gestos.

Essas são as pessoas que nos ajudam a conquistar o que não sabíamos possuir. Elas nos mostram o avesso de nossa realidade, porque o amor é uma espécie de lente que amplia nossa autopercepção. O olhar de quem nos ama é um olhar que nos devolve, abre portas.

Por outro lado, se o amor que nos dedicam não está comprometido em atualizar em nossa vida o amor divino, haverá o risco de sermos roubados de nós, de nos tornarmos vítimas nas mãos dos outros e de sermos fechados nas estruturas minúsculas de um cativeiro afetivo.

Se já afirmamos que, pelas mãos humanas, Deus toca em nossa vida, amando-nos no amor humano que nos promove, por outro lado, também podemos dizer que as estruturas diabólicas nos alcançam cada vez que o amor doentio dos outros modifica nossas escolhas e afeta nossa liberdade fundamental.

Uma coisa é certa: quanto maior é o bem que nos provocam, maior é o desejo que temos de ficar por perto. O desejo sobrevive assim. O outro nos apresenta um jeito novo de interpretar o que somos, e por essa nova visão nos apaixonamos. O que nos encanta no outro é o que ele nos conseguiu fazer enxergar em nós mesmos. Egoísmo? Não. Apenas o primeiro pilar do conceito de pessoa alcançando uma profundidade ainda maior dentro de nós.

Vir a ser

Eu procuro por mim.
Eu procuro por tudo o que é meu
e que em mim se esconde.
Eu procuro por um saber
que ainda não sei,
mas que de alguma forma já sabe em mim.
Eu sou assim.
Processo constante de vir a ser.
O que sou e ainda serei
são verbos que se conjugam
sob áurea de um mistério fascinante.
Eu me recebo de Deus e
a Ele me devolvo.

Entre o desejo e o prazer

Entre o desejo e o prazer

Como já vimos, tornar-se pessoa é estabelecer o equilíbrio entre os dois pilares: disposição de si e disponibilidade para o outro. Uma pessoa estabelecida nessa harmoniosa construção tem mais facilidade de lidar com sua vida afetiva, com seus conflitos e com suas conquistas.

Sempre que falamos de vida afetiva, de alguma forma esbarramos em dois conceitos fundamentais: desejo e prazer. Esses dois conceitos fazem parte da vida humana, e constantemente perpassam nossas condutas, escolhas e atitudes. Somos movidos pelos desejos e pelos prazeres.

Fundamentado como pessoa, torna-se mais fácil viver a dinâmica do prazer sem dele tornar-se escravo, e ao mesmo tempo saber descobrir o desejo como elemento vital que traz duração às relações humanas estabelecidas.

Essa reflexão é importante, uma vez que um dos grandes limites encontrados nas pessoas é a busca desenfreada do prazer, seguida pelo desconhecimento da força que há no desejo.

Quanto maior é a fragilidade de uma pessoa, maior é a facilidade que ela terá de entregar-se ao mundo do prazer, que naturalmente nega qualquer forma de sacrifício. Incapacitada de viver os limites próprios de qualquer processo de escolha e os sofrimentos que dele provêm, a pessoa passa a interpretar a vida de maneira ingênua e simplista. Já na perspectiva do desejo, a vida é mais real. Há sempre o espaço para o sacrifício, a luta, o desafio.

Por isso, faremos agora uma distinção que é de suma importância neste momento de nossa reflexão: desejo e prazer.

Há uma diferença fundamental a ser observada. Desejo não é o mesmo que prazer. Quando não diferenciamos essas duas realidades, incorremos no erro de estabelecer relações objetais, isto é, tratar o outro como um objeto do nosso prazer. A busca pelo prazer pode nos cegar para a dignidade do outro e consequentemente acorrentá-lo nos cativeiros de nosso egoísmo.

Quando vivemos na esfera do desejo, isso se torna muito diferente, pois o desejo é bem mais profundo que o prazer. O desejo parece atuar em nossas motivações mais consistentes, e, assim, naturalmente tendemos a descobrir os sacrifícios e as limitações como processo natural para o crescimento que necessitamos.

Vejamos.

A VIDA SOB O FOCO DO DESEJO

Toda vez que identificamos um amor que realmente nos fez crescer na vida, de alguma forma queremos preservá-lo. São as relações duradouras, que atravessam o tempo e ultrapassam o horizonte da utilidade. São amores que se preservam pela força do desejo.

Desejo é uma palavra bastante sugestiva. Ela já despertou muitas reflexões interessantes.

Para a Filosofia, o desejo é uma tensão que direciona o ser humano para uma finalidade. Essa tensão recebeu muitos nomes ao longo da história da Filosofia. Platão e os filósofos cristãos associaram o desejo à imperfeição dos seres. Só deseja aquele que carece. E carecer é o mesmo que ser imperfeito, limitado. Talvez seja por isso que o termo *desejo* tenha sido tão mal interpretado pelo contexto religioso ao longo dos tempos. Sabemos que, durante muitos séculos, o discurso religioso foi perpassado pela mística do sofrimento e do sacrifício. Com isso, naturalmente o desejo passa a ser interpretado de maneira rasa, estreita. O que vimos foi a associação direta de desejo a pecado.

A Filosofia budista compreende o desejo como um sério obstáculo à realização humana. O nirvana é justamente um estado de espírito em que o ser humano alcança a supressão dos desejos e entra numa espécie de nada querer, nada desejar.

A Psicologia nos diz que somos o território dos desejos. O ser humano não vive sem desejar. Desejos podem ser conscientes ou não, tudo dependerá da capacidade que cada um tem de conhecer-se. Freud é uma referência para este assunto. Lacan, importante nome da Psicologia, sugeriu que a duração de um desejo está diretamente relacionada à sua satisfação. Uma vez consumado, o desejo deixa de existir, dando espaço para um novo. Assim, podemos entender o dito popular: "O melhor da festa é esperar por ela". A expectativa muitas vezes é bem melhor que a realização do que esperávamos.

Pois bem, as especulações são muitas. Nosso objetivo é retomar o contexto do desejo como realidade humana que não se opõe à felicidade e à construção da pessoa; desejo como motor que nos leva pelas tortuosas estradas de nossa realização. Desejo que nos segura e que nos mantém na estrada, mesmo quando nos deparamos com realidades adversas. Desejo como toda e qualquer pulsão que nos movimenta rumo a alguma realidade. Desejo como combustível da vida.

Uma coisa é certa. Vivemos constantemente o ciclo dos desejos. A realização de um já é o início de outro, e assim vamos nesse movimento sem fim. Enquanto estivermos vivos, seremos seres desejantes. O desejo é uma espécie de visgo que nos prende à vida. Quanto mais desejamos, maior é a sensação de estarmos vivos.

O desejo perpassa todas as nossas relações. É por isso que podemos dizer que a duração de uma relação está diretamente ligada à permanência do desejo. O que nos faz querer estar ao lado de alguém é o desejo. Não o mesmo desejo de sempre, mas o desejo que se modifica à medida que vivemos o processo natural da vida.

Retomemos a reflexão de Martin Buber. O que gostamos no outro é o que resulta do encontro que realizamos com ele. É a terceira pessoa, é o que nasce do encontro. E essa terceira pessoa, que chamamos de *nós,* quando desejada, tem o poder de nos fazer permanecer. A permanência nas relações sinaliza que o desejo está vivo, que ele foi mantido, que não morreu com o passar do tempo. Desejar é uma constante na vida humana.

Existem desejos temporários. Passar no vestibular, por exemplo. Depois de alcançado, ele se transforma em desejo de fazer a faculdade. Depois da faculdade, vem a especialização, o mestrado, o doutorado, a profissão. Um desejo ocasiona o outro.

Quando falamos de pessoas e suas relações, de alguma forma estamos falando também de desejos temporários e desejos permanentes. E nisso há uma questão fundamental. Relações duradouras são aquelas que o desejo sustentou, isto é, ainda que tenha um desdobramento do desejo, percebemos existir um detalhe fundamental, um foco que permanece. O outro mudou, foi transformado pela vida, mas ainda continua sendo o foco do desejo.

A relação é duradoura à medida que o foco do desejo permanece. Os desejos até foram modificados, mas o foco permaneceu, e por isso o outro não quis ir embora.

É interessante identificar que a permanência do desejo está intimamente ligada à preservação do mistério e da sacralidade da relação. Preservar o mistério não significa guardar segredos, mas consiste em manter a reverência que não permite a banalização. O outro é mistério que merece ser preservado. Por mais que eu o conheça, jamais terei o direito de dizer que já sei tudo sobre ele, porque sei que ele está em processo de feitura. Ele está se fazendo pessoa.

E porque sabemos que o outro está sempre em movimento, precisamos viver o constante processo da conquista, ainda que nossas relações já tenham ultrapassado a idade de cinquenta anos. Preservar o mistério é continuar conquistando, mesmo depois de anos de casados.

Essa reflexão nos liberta dos malefícios do mito do amor romântico, onde os personagens sempre perfeitos vivem felizes para sempre. Não, a vida não é um conto de fadas, mas nem por isso estamos privados da felicidade que eles nos sugerem. Detalharemos melhor esse assunto daqui a pouco.

Precisamos entender que não existe ser humano ideal. O que existe é o ser humano certo. O ser humano ideal não possui defeitos. O ser humano certo tem defeitos, qualidades, e na soma de tudo é um resultado em que você resolve acreditar.

O grande equívoco dos nossos dias é estabelecer as relações humanas a partir das substituições. Queremos que o outro seja a concretização humana de nossas idealizações. Hoje nos satisfaz e amanhã não mais. Trocamos. Tentamos de novo. Voltamos a trocar. As paixões são avassaladoras, mas os desencantos também. E assim vamos colecionando relações e os seus consequentes estragos.

O que podemos identificar nessas paixões é que as pessoas não são focos de desejo, mas se limitam a ser focos de prazer. O prazer é passageiro, mas o desejo, não. Quando o outro cumpre o papel de ser o objeto do meu prazer, eu o reduzo à condição de coisa. Essa *objetificação* já se caracteriza como sequestro. Há uma subjetividade sendo desconsiderada, uma vez que o outro foi reduzido à matéria de minha satisfação temporária.

A vida sob o foco do prazer

Uma das principais características do mundo contemporâneo é a busca do prazer. As pessoas não são mais afeitas aos sacrifícios do passado, às demoras de outros tempos. Cada vez mais se socializam entre nós as oportunidades que nos prometem resultados rápidos, sem muitos esforços. O tempo de demoras já se foi.

Comida rápida, serviços rápidos, porque não podemos esperar. É o pragmatismo tomando conta de nosso jeito de ver, viver e de ser no mundo. Falaremos detalhadamente sobre isso mais à frente.

Os programas de televisão anunciam, o tempo todo, as novidades do mercado. Aparelhos que prometem emagrecer os gordos sem que eles saiam do sofá. Cápsulas que capturam as gorduras dos alimentos antes de elas serem absorvidas pelo organismo. Injeções milagrosas que fortalecem músculos em corpos magros. Cirurgias que retiram as gorduras – ainda que ofereçam riscos – realizadas em clínicas que não oferecem a menor condição de segurança ao *impaciente* que procura por elas. Enfim, uma infinidade de promessas mágicas.

A literatura das bancas também se ocupa desses milagres. Livros que prometem receitas de felicidade, equilíbrio emocional. Mas um detalhe: os autores são muito mal-humorados. Guias que ensinam a influenciar pessoas, ganhar dinheiro, ficar milionário da noite para o dia. Mas os autores continuam pobres.

É o nosso contexto sociocultural. Vivemos num mundo de enganos e fórmulas mágicas. As pessoas estão impacientes para o processo da busca. Elas querem resultado rápido. Com isso, mostram-se indispostas a tudo o que possa lhes exigir tempo e calma.

Nesse contexto de tantas pressas, não há espaço reservado para o discurso que exige calma para ser entendido. Os meios de comunicação se limitam a alimentar a sede de prazer das pessoas. Entrevistas fúteis ocupam nossas tardes de domingo. Celebridades, ainda que não tenham preparo para os assuntos, aparecem nas telas em rede nacional para repetir seus discursos tolos sobre questões sérias.

Artistas fúteis se tornam referência para nossos filhos. Somos obrigados a suportar os canais abertos de televisão com sua programação artificial, com suas videntes fazendo previsões, e líderes religiosos fomentando o ateísmo com seus discursos vazios e caricatos. Enquanto isso, o povo padece necessitado de cultura, informação e entretenimento que não o aliene, mas o motive a ser mais. Um povo que passa a gostar do tosco, porque só isso lhe é oferecido.

Cantores que nunca aprenderam a cantar repetem, no programa de grande audiência, versinhos que ferem a inteligência e o bom gosto de uma nação que não sabe mudar de canal, porque descobriu nisso alguma forma de prazer. Enquanto isso, nossos reais valores, compositores de altíssimo nível, cantores e cantoras de excelente nível técnico e artístico se tornam atração para poucos, porque a grande massa desconhece a sua existência.

Esse é o paralelo entre o desejo e o prazer. O desejo é mais profundo que o prazer. Ele precisa de tempo para ser despertado e vivido. O prazer, não. É produto rápido. É igual carboidrato de absorção rápida, que não leva tempo para ser assimilado pelo organismo. Desejo é alimento integral, demora para fazer digestão, e por isso alimenta por mais tempo.

O prazer é poço sem fundo. É círculo vicioso. Cria dependência que nos faz procurar por ele mais e mais, o tempo todo. O desejo, ao contrário, cria permanência, porque acalma. Sabemos onde ele fica. Ele movimenta para novas buscas, mas não desorienta. É alimento integral, enquanto o prazer é alimento refinado.

Essa regra tem prevalecido. Nada pode nos privar do prazer. Sacrifícios não são bem-vindos nos nossos tempos. As pessoas se esmeram por buscar os atalhos, porque não há disposição para trilhar a estrada mais longa, ainda que ela seja repleta de belezas e surpresas.

É muito comum encontrar entre alunos que se preparam para o vestibular os resumos das obras que serão abordadas nas provas de literatura. Para que ler a obra completa se podemos ler só o resumo? Essa é a pergunta prática que geralmente é formulada por quem ainda não sabe desejar. Literatura, antes de combinar com o prazer, combina com o desejo. Prazer é consequência do desejo que vem antes.

Estudar nem sempre é atividade prazerosa, mas o que nos mantém na disciplina dos estudos é o desejo de sermos alguém um dia, de termos uma profissão que nos realize. É o desejo de conhecer, desvendar o mundo e reconstruí-lo por meio de uma atuação responsável na sociedade. O desejo é mais profundo, pertence ao mundo dos significados, das realidades que são definitivas. O prazer é mais raso, transitório, e por isso é tão pouco realizador.

O bom é conjugar os dois. Desejo e prazer. O interessante é não perder de vista nenhuma das duas realidades, lutando constantemente para manter acesa a chama do desejo pela vida e pelas pessoas que amamos. O desejo mantém a dinâmica da conquista. Já dizíamos anteriormente que somos território que precisa ser conquistado o tempo todo. Já estamos entregues a nós mesmos, mas ainda precisamos tomar posse. É o desejo de ir sempre além, de não perder o fio da vida, o visgo, o significado.

Prazeres temporários não podem ser definitivos para nós. Se eles passaram, é necessário prender-se no desejo. Outros prazeres virão. É processo natural. Prazeres não nasceram para serem definitivos, mas o desejo, sim. Isso é fundamental para a qualidade de nossa existência. O importante é que a gente não coloque os prazeres acima dos desejos.

É interessante, mas já encontrei pessoas lindas que só conseguem ser objetos de prazer. Não se tornam foco de desejo. As pessoas passam por elas, mas não permanecem. É a prova de que o prazer não é o suficiente para que o outro queira ficar. O que nos faz apaixonar uns pelos outros é o desejo que somos capazes de despertar.

Corpos perfeitos despertam prazeres, mas nem sempre despertam desejos. O desejo é que nos faz respeitar a sacralidade que há no outro. O prazer é um impulso rápido. Já o desejo é um impulso de demoras. É feito de vagarezas. Assim como ter de andar mil quilômetros, mas certos de que há um lugar a se chegar. A dureza da viagem e o cansaço serão sempre vencidos cada vez que o desejo correr pelas veias. Não haverá prazer durante todo o trajeto. Por vezes, os limites serão aflorados, mas o desejo de chegar nos manterá firmes.

Cada vez que identificamos nossa incapacidade de manter acesa a chama dos nossos desejos, e percebemos que somos sobretudo afeitos à manutenção de prazeres transitórios, revela-se diante de nossos olhos a oportunidade de romper com mais essa forma de sequestro da subjetividade, tão comum nos nossos dias.

A mentalidade que apregoa a vida fácil, sem esforço e sem luta, é instrumento de manutenção social de pessoas apáticas e sem poder de transformação. Há uma constante socialização da ideia de que o sacrifício não deve mais fazer parte da vida humana, e que a felicidade consiste em suprimir qualquer realidade que possa nos desinstalar ou provocar sofrimento.

Dessa perspectiva, o que resta é a infantilização cada vez mais frequente das pessoas; o não amadurecimento, o prolongamento da adolescência e a incapacidade de viver o segundo pilar do conceito de pessoa: a disponibilidade ao outro. Vida sem sacrifício é vida alienada, irreal, fortemente marcada pelas estruturas romanceadas dos contos de fadas e pela visão mágica da realidade tão comuns onde impera o *mito do amor romântico*.

O MITO E SUAS SUGESTÕES

O MITO E SUAS SUGESTÕES

ANTES DE FALAR DO MITO DO AMOR ROMÂNTICO, é interessante salientar o significado das elaborações mitológicas nas culturas. Há sempre um mito no avesso das nossas compreensões. Estamos constantemente necessitados de encontrar respostas que nos ajudem a compreender a vida e o significado dos acontecimentos humanos. No desejo de compreender, fazemos perguntas. Na pergunta que formulamos, expressamos o nosso desejo de desvendar o mundo que nos envolve. Somos seres naturalmente filosóficos.

Essa natureza filosófica, elemento que faz parte do estatuto humano, manifesta-se naturalmente na nossa vida por meio de explicações simples que fazemos dos fatos. Nosso desenvolvimento cognitivo, isto é, nossa capacidade de raciocínio, passa por um longo processo de amadurecimento biológico. Assim como o corpo precisa amadurecer para ser capaz de produzir uma outra vida, também nosso cérebro necessita amadurecer para executar raciocínios mais complexos.

É por isso que, no início de nossa vida escolar, os aprendizados seguem regras que consideram nossa maturidade cerebral. É impossível, por exemplo, propor a uma criança de sete anos uma operação de álgebra. Ela ainda não tem amadurecimento cerebral para tal raciocínio.

A mesma criança não será capaz de compreender a teoria do Big Bang, que procura explicar cientificamente a criação do universo. O melhor é contar a origem do universo por meio de uma história que se encaixe no seu universo infantil, e que a retire do desconforto de seu estado de não saber. Mais tarde, quando já tiver maturidade para entender as outras teorias, ela terá contato com elas. Pois bem, na infância da inteligência, o mito é a elaboração possível.

Recordo-me de que, quando era criança, sempre que trovejava eu ouvia minha mãe dizendo que o trovão era a manifestação da braveza de Deus com algumas pessoas no mundo. Escutava aquela explicação e nela colocava minha confiança. Deus estava bravo, mas não era comigo. Era com outras pessoas. A frase de minha mãe, ainda que absurda para um adulto, cessava, no meu coração de criança, o medo dos trovões. Dar nome ao medo é, de alguma forma, começar a vencê-lo. Os mitos nascem assim. Da necessidade de dar um nome que abrace o significado dos acontecimentos. É diante de um não saber que ele é construído.

Com o tempo, depois que aprendi que os trovões são fenômenos naturais, causados por descargas elétricas, aquela explicação mitológica deixou de ter valor para mim. O inegável é que, na infância da minha vida, aquela forma de compreensão da realidade fez parte de minhas crenças.

Recordo-me também de que minha mãe não nos permitia comer manga e tomar leite ao mesmo tempo. Entre um alimento e outro precisávamos observar um prazo de, no mínimo, oito horas. A razão para a proibição era simples: o mito de que a mistura dos dois alimentos era capaz de provocar a morte.

Só depois, nas aulas de história, é que fui descobrir a origem daquele mito.

Mitos são tentativas de explicação daquilo que ainda não sabemos compreender. São sempre contados por meio de narrativas que prevalecem no tempo, isto é, passam de geração em geração e se perpetuam. Depois que chegamos ao conhecimento do que antes passava pela compreensão mitológica, o mito se registra como uma lembrança que nos reporta ao bom tempo da inocência.

Aqui está o ponto nevrálgico. Mesmo que já tenha sido superado, ele continua nos influenciando. É como se preservássemos num quarto do inconsciente todas as formulações mitológicas que já fizeram parte de nossa vida. Elas podem nos fazer bem, mas também podem nos fazer mal. Depende do nível de consciência que temos dessas influências.

Como já dissemos, o mito é sempre uma tentativa de explicação da realidade. Fortemente marcado pela linguagem metafórica, isto é, uma linguagem que procura fazer uma leitura do mundo por meio de símbolos, o mito consiste numa elaboração altamente sedutora, e o símbolo está no cerne de sua estrutura.

O símbolo fala por si mesmo, não carece de explicações. Uma linguagem simbólica não tem necessidade de ser aprisionada no que consideramos conceitual. Podemos dizer que o símbolo supera o conceito, porque parte do conceitual para entrar no horizonte da sugestão de um algo a mais. O simbólico é um instrumental para interpretarmos o mundo.

As culturas são construídas e manifestadas por meio de símbolos.

As catedrais na Idade Média representavam a supremacia do poder religioso. Os mosteiros eram os lugares reservados à salvação das almas, ao passo que as tabernas eram os lugares que evidenciavam a perdição assumida, a danação eterna.

As construções góticas, com seus traços suntuosos, simbolizavam o desejo humano de alcançar o céu. As altas torres, as paredes talhadas por desenhos de movimentos ascendentes, legitimavam um desejo de alcançar a eternidade com as mãos.

As construções romanas, sempre horizontais, expressavam o desejo romano de conquistar o mundo, os territórios. Construções esparramadas, nunca voltadas para o alto, mas estendidas para a terra, para o horizonte. Símbolo de uma civilização que desejava incorporar o mundo como propriedade e tornar o restante do mundo uma extensão de Roma.

Os gregos e a sabedoria que gerou a cultura ocidental. Atenas, cidade da força intelectual. Esparta, cidade da força dos corpos. As duas cidades, de forte valor simbólico para a Grécia, parecem condensar e sintetizar a mentalidade de uma civilização que legou ao mundo a cultura da estética intelectual e a cultura da estética física.

Minas e suas estruturas barrocas. O barroco é o movimento dos contrários. A igreja majestosa condensa em sua arquitetura a glória e a decadência. Numa mesma cena, há a grandeza de anjos sendo carregados por negros em processo de penúria e sofrimento. O humano e a dura missão de sustentar o peso do divino. A madeira talhada a canivete revela a mentalidade de um tempo. É a realidade expressa e contada no símbolo de uma época. A catedral tem boca, e fala. Conta histórias de quem já não tem mais boca para contar. Revela, por meio do símbolo, o que só os mortos poderiam revelar.

Símbolos são testemunhas históricas. Por meio deles podemos fazer a leitura dos pensamentos que prevaleceram ao longo do tempo, pois eles condensam um universo inesgotável de informação.

Mitos e símbolos são dois caminhos que se encontram constantemente. Eles se complementam e se transformam mutuamente. Assim como a catedral é um símbolo que varou o tempo e legitimou nas culturas a ideia de que Deus esteve sempre presente nas cidades, por meio de paredes suntuosas, também o mito é uma forma de edificação que atravessa o tempo, legitimando e sugerindo um jeito de pensar.

Podemos dizer que muitos mitos são tão sedutores que podem ser comparados às catedrais. Um deles é o mito do amor romântico.

O mito do amor romântico

O mito do amor romântico parece ter entrado na sociedade ocidental na Idade Média. Algumas pistas indicam que sua primeira aparição na literatura foi por meio da lenda do amor vivido entre Tristão e Isolda. Não entraremos aqui neste mérito. O que nos importa é evidenciar um pouco da estrutura e das influências que esse mito legou às sociedades.

O mito do amor romântico é muito mais que uma forma de amor. É todo um conjunto psicológico, tecido de expectativas e idealizações onde pessoas e realidades são inseridas.

No mito do amor romântico a paixão prevalece. Assim, cria-se a ilusão de que o foco da paixão condensa todas as soluções dos problemas existentes na vida. O outro acaba se tornando uma construção, cujos tijolos foram retirados dos insondáveis terrenos de nossas carências e necessidades.

No mito do amor romântico, a pessoa amada é vista, de forma consciente ou não, como a primeira responsável pela satisfação dos desejos e necessidades de seu amante. Uma forma de encantamento parece inibir a percepção da realidade, de maneira que a relação passa a representar um perigo para aqueles que dela fazem parte.

Sempre que falamos de mito do amor romântico, estamos, de alguma forma, evocando um inconsciente coletivo fortemente influenciado pela interpretação desse mito a respeito das relações amorosas.

Jung, grande nome da Psicologia contemporânea, demonstrou, por meio de sua reflexão, que quando um indivíduo vive um importante e marcante fenômeno psicológico, um grande potencial inconsciente está vindo à tona, emergindo, prestes a manifestar-se ao nível da consciência. Segundo ele, o mesmo pode ser dito quando o assunto é coletividade. Do inconsciente coletivo de um povo pode surgir uma nova ideia, uma crença, um paradigma, que são mantidos por esse povo.

Histórias contadas pelo povo são histórias que narram sobre o povo. É assim. As construções míticas e as elaborações folclóricas de uma cultura revelam o bojo de suas compreensões e estruturas. Somos nós os escritores dos contos que nos contam.

A literatura é o lugar dessa revelação. As histórias construídas são expressões vivas do inconsciente coletivo que o escritor representa. Um exemplo disso são os contos de fadas. É impressionante o quanto eles são capazes de serem prenhes de significados.

Podemos identificar que o mito do amor romântico está naturalmente expresso em alguns desses contos. Sabemos, por experiência, que contos de fadas são histórias fascinantes. Elas evocam o sonho que o ser humano tem de protagonizar uma história de amor perfeito. Amores homéricos, grandiosos, entre príncipes e plebeias, bela adormecida, princesa acorrentada na torre esperando por seu príncipe que virá montado em um cavalo branco.

Tudo construído para tentar ilustrar o profundo psicológico de um povo que precisa resolver sua dificuldade de lidar com suas carências e necessidades. O amor e seus personagens fascinantes protagonizam aquilo que a humanidade gostaria de experimentar na carne real da existência.

Os personagens dos contos de fadas são construídos a partir dos mesmos elementos. O sofrimento sempre antecede o final feliz. A plebeia, odiada pela madrasta, é impedida de ir ao baile. O sofrimento do borralho, a humilhação das enteadas, o desprezo de todos. A fada, por sua vez, bondosa e complacente, retira a pobre moça de seu abandono e lhe confere uma magia que a possibilita participar do grande baile. O encanto está lançado. Mas esse encanto tem tempo definido para durar. Meia-noite é o limite para que o amor aconteça. E assim se dá. O príncipe reconhece na menina pobre, que agora não aparenta ser pobre, a mulher de sua vida. O encanto prevalece até que os ponteiros do relógio anunciam meia-noite.

Desfeita a magia, o príncipe se põe a procurar a proprietária do sapato de cristal que ficou esquecido na escadaria do palácio real. Depois de prolongada busca, príncipe e plebeia se encontram, e, contrariando as expectativas da madrasta, casam-se e vivem felizes para sempre.

Dou-lhe um minuto. Deixe o livro e vá enxugar as lágrimas.

Veja bem. Nos mais diversos relatos de amor que pertencem à literatura, o mito do amor romântico prevalece no momento em que a realidade é construída a partir de seres humanos idealizados. O velho chavão que geralmente vem cravado no final das histórias – *e viveram felizes para sempre* – retira o amor de sua continuidade processual, que consiste em dores e alegrias.

No mito do amor romântico, o sofrimento é sempre porta da casa. Não há sofrimento na continuidade dos relatos. A expressão *felizes para sempre* funciona como uma negação do processo comum dos humanos, como se o amor fosse uma realidade que está distante de ser precária. O beijo final parece selar uma história em que não caberão limites e aborrecimentos. É a idealização da relação, em que cada parte deverá cumprir o papel de projetar e ser projetado como personagem que viverá feliz para sempre, e sem esforço.

Mas a vida real não corresponde aos relatos dos contos de fadas. Não estamos acostumados a encontrar fadas madrinhas que transformem, num toque de mágica, a borralheira em princesa admirável. O processo humano é doloroso. Nossos sapatos não são de cristal, nossos cavalos são mancos e não há carruagens paradas às portas de nossas casas esperando para nos levar aos destinos de nossos sonhos. A vida nos mostra que transformações mágicas não existem, da mesma forma como amores perfeitos estão distantes de nossos olhos.

O que temos e podemos é a aventura de encontrar alguém, portador de qualidades e defeitos, e ao lado dele construir uma história de vida comum, felicidade que nasce do duro processo de sermos promotores uns dos outros por meio do amor que sentimos.

O conceito de amor não pode ser aprisionado por essa visão romântica, que não sabe considerar os limites como positivos para o crescimento humano. Tampouco pode reduzir o desejo à condição de prazer. O sonho que sonhamos não pode ser projeção infértil. Ele tem de estar preso à realidade, afinal, é nela que estamos sustentados.

A vida nos demonstra que a gênese das frustrações humanas está na inadequação entre aquilo que sonhamos para nossa vida e aquilo que de fato nos acontece. Somos incentivados a sonhar alto, a projetar grandes empreendimentos e a colocar nossos esforços para extrair o máximo que pudermos da vida.

Não é nenhum problema pensar assim. O grande problema não está em sonhar alto. Isso é fácil. O difícil está em continuarmos vivos quando o pedestal da realidade não suportar o peso de nossas expectativas e dele cairmos.

Somos preparados para o sonho alto, mas ainda não aprendemos a nos manter vivos quando a vida é rasa. Nossa educação não costuma nos preparar para os fracassos. Não somos treinados para o último lugar do pódio, mas sim para o primeiro.

A infância é o tempo dos heróis. Homens e mulheres dotados de poderes extraordinários povoam o universo das crianças. É como se nosso limite original fosse esquecido cada vez que nos colocamos nas asas do Super-homem, ou empunhamos o laço da Mulher Maravilha.

A construção do herói está a serviço da projeção que nos retira da realidade. Infância é o tempo das idealizações. Todos nós fomos marcados pelos heróis de nossos tempos. Eles legitimavam nosso desejo de não sermos comuns. Legitimavam nossa insatisfação com nossa condição de limite e precariedade.

Um herói é, para uma criança, uma idealização que lhe permite criar um mundo próprio. Nesse mundo, joelhos esfolados não existem. O que existe é a força que não se dobra, é o braço que não se cansa, é o ser que não se rende, é o herói que nunca perde uma batalha.

Na saga dos heróis, todas as fragilidades humanas parecem redimidas. Neles e por eles deixamos de esbarrar nos limites que nos envergonham e nos expõem frágeis. Pode nos parecer estranho, mas essa compreensão também está, de alguma forma, enraizada no mito do amor romântico, que tantas vezes determina as realidades da vida, das mais simples às mais complexas.

Podemos identificar na verdade que, antes de o mito do amor romântico atingir as relações, ele atinge a forma como o ser humano interpreta a si mesmo. A visão romanceada do humano parece estabelecer uma inimizade entre a pessoa e seus limites.

Mas quanto maior é a negação dos limites que nos são próprios, maior parece ser o domínio que eles exercem sobre nós. Falamos sobre isso anteriormente. A maturidade consiste em acolher os limites que nos são próprios. Somente depois desse acolhimento nós estaremos reconciliados conosco e com os outros.

Pois bem, sair do contexto dos heróis requer esforço. Olhar para si e reconhecer que, mesmo sem possuir super poderes, mesmo sofrendo de precariedades, é possível realizar-se na vida, será uma transição considerável. Um dos elementos que acena para nosso amadurecimento como pessoa é justamente nossa capacidade de enfrentar a realidade sem as facilidades da fuga.

É claro que a vida não é possível sem as projeções. O importante é estabelecer um equilíbrio entre aquilo que projetamos e aquilo que podemos esperar de nós mesmos. Em cada pessoa existe uma condição, um estatuto que a identifica, como limites e possibilidades. O equilíbrio se dá nessa junção. Entre o que podemos e o que não podemos está o espaço do crescimento que nos favorece a conquista da condição de pessoa.

Um círculo não pode ser quadrado. Essa regra vale para o que estamos dizendo. O grande problema das projeções, que são próprias dos contos de fadas e que expressam bem o mito do amor romântico, é justamente a tendência humana de querer que o círculo seja quadrado.

Toda vez que recusamos os limites de nossa condição e nos imaginamos como heróis invencíveis, de alguma forma estamos desfazendo o equilíbrio que pode nos fazer crescer. A mesma coisa acontece nas relações. Há sempre o risco de querer fazer o outro ser a medida de nosso desejo. Por uma insatisfação pessoal, projetamos nele uma perfeição que gostaríamos de encontrar em nós mesmos.

No momento em que identificamos essa inadequação, no instante em que percebemos que o outro não é perfeito, desfaz-se o encanto. A Cinderela volta a ser gata borralheira, o príncipe volta a ser sapo, e o que antes dizíamos ser experiência de amor eterno transforma-se em amor que valeu enquanto durou.

As velhas histórias registradas no inconsciente coletivo das pessoas, em que heróis salvam suas princesas acorrentadas nas torres e depois vivem felizes para sempre, são registros que seguram essa desilusão constante no tempo. Elas se opõem radicalmente ao que consideramos ser amor de fato. Amar não é cultivo de perfeição, mas o contrário. É empenho de superação de limites. É cultivo constante que nos aproxima da realidade e que nos capacita para continuar desejando que o outro continue ao nosso lado.

Amar é exercício de descobrir o que o outro tem de mais precioso, mas também de mais vergonhoso. Amores perfeitos só existem nas projeções. Ou nos jardins.

AMOR PERFEITO? SÓ NOS JARDINS

O único amor-perfeito que conheci ao longo de minha vida foi nos jardins. É uma florzinha miúda que tem uma beleza simples e que requer muito cuidado. O outro amor perfeito só existe nos livros e nas histórias das fadas.

O mito do amor romântico parece fortalecer nas culturas o desejo que o ser humano tem de encontrar no seu mundo exterior a solução para suas imperfeições. É quase uma camuflagem. Desejosos de curar as consequências de nossas precariedades, passamos a buscar nas coisas, nas pessoas e nas situações, o remédio que sanaria nossas incompletudes.

Como já falamos, o mito foi fortemente explicitado e incorporado nas culturas por meio de histórias que narram sagas de amores impossíveis e, por isso, perfeitos. O amor perfeito é sempre o amor impossível, o amor inacessível, o amor que não corresponde à realidade e que só se realiza nas obras de ficção.

Primeiramente, valeria a pena voltar nossa atenção ao próprio conceito de perfeição. Esse conceito está muito presente na cultura grega. No contexto da reflexão grega, a perfeição é colocada como fim a que se destina o movimento do artista. A perfeição não é o caminho, mas a chegada. Dessa forma, o conceito não favorece o movimento, mas, ao contrário, sugere lugar já alcançado, chegado. É perfeito porque é irretocável, pronto. É perfeito porque já está definitivamente estabelecido e já não necessita de qualquer forma de intervenção ou retoque.

Aqui nasce o grande problema que queremos analisar. Veja bem, diante da vida, que não é estática, tal conceito apresenta-se como amórfico e pouco sugestivo. Diante da ideia de que para ser perfeito é preciso que já esteja pronto e irretocável, nasce uma contradição com a existência, que é processo constante de feitura e refeitura.

A partir do conceito grego de perfeição, nenhuma pessoa pode ser considerada perfeita, afinal, ninguém está pronto. Essa verdade fere profundamente a expectativa de todos os que esperam encontrar pessoas perfeitas para estabelecer suas relações humanas.

Nós, que sentimos regularmente na carne as consequências de nossas imperfeições, e não temos outro jeito de sobreviver a elas senão assumindo o movimento da vida como oportunidades contínuas de superação e aperfeiçoamento, quando nos encontramos com os outros, precisamos considerar que eles estão vivendo o mesmo processo que nós.

Somos imperfeitos, mas não estamos condenados a ser vítimas de nossa imperfeição, uma vez que a beleza da vida está em descobrir o movimento que pode diminuir as consequências do que em nós é imperfeito. O outro também não está condenado a morrer com seus defeitos. Dessa forma, num encontro de imperfeitos, nasce um desejo concreto de juntos lapidarem suas humanidades, na busca de uma harmonia que podemos chamar de amor.

Mas nem sempre é isso o que ocorre. É quase um movimento natural na vida humana a busca pelas pessoas perfeitas que venham suprir nossas imperfeições. O poder do mito é que move essa procura. Inconscientes ou não, vivemos uma busca desonesta de pessoas que correspondam às expectativas de nossas projeções e idealizações.

O que temos diante de nós é uma contradição da existência. Não somos perfeitos, mas queremos realidades perfeitas. O mito nos retira do contato com a realidade.

A partir dele, as pessoas passam a procurar realidades ideais. A pessoa ideal para casar; o lugar ideal para morar; a empresa ideal para trabalhar; a pessoa ideal para ser amiga, e por aí segue uma lista interminável. E o conflito se estabelece ainda mais quando percebemos que pessoas que se sabem imperfeitas estão constantemente buscando pessoas e realidades perfeitas.

Aqui está a força da inadequação. As pessoas, no afã de encontrarem a pessoa ideal, a pessoa perfeita, começam a imaginar. Olham, mas não veem, porque estão motivadas a enxergar só o que imaginam. Esbarram, mas não encontram, porque o encontro requer autenticidade. É justamente aqui que nascem os sequestros. É deste *não encontro* e deste *não ver* que muitas pessoas começam suas relações.

Começam a projetar umas nas outras suas necessidades e lacunas. Aos poucos, vão sendo preparados os cativeiros dos condicionamentos. Esses cativeiros se estabelecem a partir de pedidos de mudanças de comportamentos, atitudes e até mesmo de mudanças estéticas. O que percebemos é uma tentativa de adequação entre o que o outro sonhou com aquilo que verdadeiramente ele encontrou.

Desse encontro nascerão duas condições: sequestrado e sequestrador. O que determina os lados da mesma tragédia é a capacidade de rendição e de domínio de cada um. Há pessoas que têm uma facilidade imensa de dominar e determinar as relações que estabelecem. Há outras que são facilmente determinadas.

Consciente ou não, a pessoa parece inventar a outra. E ao inventar, constrói cativeiros, uma vez que a *disposição de si* fica ameaçada. Aquele que imagina retira do imaginado o direito de ser o que é. Imaginar é uma forma de negar a realidade. Sobrepõe-se à personalidade uma espécie de máscara, que poderá se tornar definitiva, processo irreversível e causador de profunda infelicidade.

Fernando Pessoa, o grande poeta português, nos fala dessa realidade em alguns versos do poema "Tabacaria", que escreveu com o heterônimo de Álvaro de Campos:

> Fiz de mim o que não soube
> E o que podia fazer de mim não o fiz.
> O dominó que vesti era errado.
> Conheceram-me logo por quem não era
> E não desmenti, e perdi-me.
> Quando quis tirar a máscara,
> Estava pregada à cara.
> Quando a tirei e me vi ao espelho,
> Já tinha envelhecido.
> Estava bêbado, já não sabia vestir o dominó
> Que não tinha tirado.
> Deitei a máscara e dormi no vestiário
> Como um cão tolerado pela gerência
> Por ser inofensivo

Eu vou escrever esta história para provar
Que sou sublime.

O universo da reflexão do poeta é riquíssimo. O personagem que reconhece a *não vida* que a máscara lhe conferiu reassume, ao final da estrofe, a condição de *ser sublime*. Tornar sublime é o mesmo que purificar e, para que a purificação aconteça, é mister que reconheçamos o que é precário, o que necessita de sublimação.

Para o poeta, retirar a máscara é assumir a precariedade que o falseamento lhe trouxe. A autenticidade lhe confere o direito de reassumir a vida, ainda que ao final.

O poema nos ajuda a pensar melhor. As máscaras representam as concretizações dos sequestros. Elas atestam que o processo de negação do ser chegou ao seu ponto alto. "Fiz de mim o que não soube e o que podia fazer de mim não o fiz."

O roubo foi tão profundo que o outro, incapacitado de resgatar a parte roubada, viu-se obrigado a revestir-se de personagens e de máscaras. "Conheceram-me logo por quem não era e não desmenti, e perdi-me."

Veja, há uma permissão. A não autenticidade abre portas para os equívocos. Os outros nos imaginam e nós permitimos o inadequado do que imaginam.

Quando essa relação se prolonga no tempo, as pessoas envolvidas se fragilizam. Ambas sofrem a negação do ser. Aquele que imagina de alguma forma também se torna refém de sua projeção. Passa a querer e desejar o que não existe, o que não é real. E, quando desejamos dizer a verdade, nem sempre temos coragem.

"Quando quis tirar a máscara, estava pregada à cara. Quando a tirei e me vi ao espelho, já tinha envelhecido." Os mascarados não sofrem sozinhos. É um processo doloroso que atinge a muitos.

Conviver com quem optou pela inautenticidade causa uma infelicidade profunda. O gasto de energia para a mentira é muito mais elevado que para a verdade. Viver de projeções que não podem ser adequadas à realidade é o mesmo que não viver.

A experiência das projeções nos coloca dentro de um mundo sem sustentação; e mundo projetado não é mundo que realiza, nem faz realizar.

O PRÍNCIPE E A SAPINHA SINCERA

Venha ser a minha Cinderela.
Não posso, o metrô não passa no seu bairro.
Eu a busco de carruagem.
Imagina, lá na minha rua as pessoas o apedrejariam.
Eu levo os meus guardas fiéis.
Eles seriam metralhados.
Então venha ser minha Rapunzel.
Não posso! Meu cabelo é longo mas é aplique.
Mas eles parecem fortes.
Que nada! Já fiz muita escova progressiva.
Os fios estão fraquíssimos.
Então venha ser minha Branca de Neve.
Sou alérgica a maçã.
Eu substituo por uma nêspera.
Tenho medo de anões.
Eu os troco por príncipes.
Mas eu poderia me interessar por um deles
Impossível. Minha beleza é insuperável.
Mas eu sou muito volúvel.
Deixará de ser quando me conhecer.
Desculpe-me, mas eu já tenho alguém.

Como assim? Eu sou o seu príncipe.

Aconteceu.

Quando?

Numa tarde.

Era primavera ensolarada?

Que nada. Um calor insuportável.

Como você o conheceu?

Quando aceitei uma proposta de emprego.

Onde?

No Sítio do Pica-Pau Amarelo, em Taubaté.

É um Reino?

Não, interior de São Paulo, Vale do Paraíba.

Não conheço.

Está perdendo. Tem o melhor bolinho caipira do Brasil.

Eu não como frituras.

Eu como. Estou sempre acima do peso.

Fale-me desse rapaz. Como aconteceu?

Eu me apaixonei. Ele também trabalha lá.

Ele não é um príncipe?

Não. Ele é o Visconde de Sabugosa. ”

Superando as idealizações

SUPERANDO AS IDEALIZAÇÕES

AS IDEALIZAÇÕES SÃO PERIGOSAS. Ideal é tudo aquilo que compõe o objeto de nossa mais alta aspiração. O ideal pode ser muito benéfico na vida humana porque ele a movimenta constantemente, evitando assim sua estagnação, mas ao mesmo tempo pode se tornar altamente nocivo no momento em que impossibilita a vida real, fixando a pessoa em projetos de perfeições inatingíveis e idealizações impossíveis.

O ideal só tem sentido quando não aliena, quando desempenha o papel de meta a ser buscada, quando aponta para um resultado final que empresta sentido ao processo da busca. Essa busca não pode estar desvinculada da realidade. O ideal só é benéfico quando é costurado à estrutura dos dias, quando envolve o contexto histórico da pessoa e a conduz para a dinâmica existencial que aprimora. Em suma, o ideal só vale a pena se estiver preso à realidade.

Ainda na perspectiva dos malefícios que o mito do amor romântico provoca na vida das pessoas, continuamos a identificar a idealização do outro como forma de sequestro. A literatura que socializa a mentalidade do mito do amor romântico, perfeito, assegura que a pessoa ideal existe, e que é preciso intensificar o processo de busca. Termos como *alma gêmea* e *cara-metade* são muito comuns nessa literatura.

Essa mentalidade é responsável pelas relações marcadas pela transitoriedade. Pessoas se elegem e se desprezam com muita facilidade. Juras de amor eterno hoje, e amanhã nem uma satisfação pelo sumiço. É a vida e suas relações tão transitórias. É o trânsito intenso de pessoas pelas avenidas da alma. Procura incessante que nem sempre tem final feliz como nos contos de fadas.

Mas o mito é o grande responsável por esses equívocos amorosos. Ele nos posiciona numa compreensão desencarnada do amor. Ele nos induz ao engano. A partir dele revestimos o outro com uma aura de perfeição. Motivados por nossas carências afetivas, arrastamos as pessoas para o mundo imaginário que construímos.

Nós sabemos quem somos. Os outros nos imaginam. Os outros sabem quem são. Nós os imaginamos. Essas frases expressam bem o processo de inadequação a que anteriormente nos referíamos. No ato de imaginar, construímos a pessoa ideal. Mas pessoas ideais só existem nas ideias.

É dessa perspectiva que nasce a compreensão dita anteriormente, mas que vale ser ressaltada. Não existe pessoa *ideal*, mas sim pessoa *certa*. A pessoa certa condensa defeitos e qualidades, e a somatória de tudo resulta uma realidade pela qual o outro se apaixona.

Acredito que haja uma forma interessante de abrir as portas desse cativeiro em que tantas vezes entramos, ou somos colocados. Não precisamos viver esse aprisionamento. Não é honesto procurar por realidades ideais. O que precisamos é buscar pelas realidades certas.

A profissão ideal não existe. O que existe é a profissão certa. Pronto. Com o conceito de *certo* podemos resolver o impasse.

Tudo o que é *certo* refere-se a uma coerência. O relógio está certo? A pergunta quer saber se o relógio trabalhou com regularidade, isto é, se fez o que tinha de fazer. Se tiver trabalhado, estará marcando a hora certa.

Certo também diz respeito àquilo que é verdadeiro. Pois bem, a verdade não é expressão de perfeição, mas é demonstração da realidade como ela é. A verdade é a coerência estabelecida entre o discurso e a realidade sobre a qual o discurso foi feito.

Essa perspectiva é muito interessante. Muitos relacionamentos não são verdadeiros justamente por causa da ausência de coerência entre o discurso e a realidade. Aquilo que digo ser o outro não condiz com sua realidade. O outro não é absolutamente nada do que falei sobre ele. Ele é o fruto de uma projeção. Ele é ideal, e por isso não existe concretamente. Só existe na minha invenção.

Essa idealização só poderá deixar de existir no momento em que as pessoas se tornarem capazes de encarar o amor como uma equação matemática. É somatória de defeitos e qualidades. O resultado final é fator decisivo para saber se a relação é satisfatória ou não. Enquanto as pessoas estiverem imaginando príncipes montados em cavalos brancos e princesas indefesas, acorrentadas em suas torres, a idealização continuará privando-as do melhor da vida.

Quando o encontro supera essas expectativas, e as pessoas descobrem a graça de se olharem como são, a relação passa a ser construída a partir da verdade de cada um. Com isso, deixam de viver a procura da pessoa ideal e passam a descobrir a pessoa certa. A regularidade do conhecimento, da conquista e a constante vigilância para que a verdade prevaleça favorecem o surgimento de um amor maduro e sem idealizações.

Mas nem sempre é o que acontece. Mergulhadas num contexto de idealizações, as pessoas passam a ter uma compreensão equivocada do amor. Na idealização, o amor é reduzido à paixão. A paixão é uma espécie de antessala do amor, mas ainda não é amor, porque não condensa os elementos necessários para um conhecimento do outro. A partir dos olhos da paixão, a visão é sempre turva. Vemos e, no turvo do que vemos, imaginamos.

A paixão é diferente do amor justamente por causa disso. A paixão sobrevive de idealizações e o amor sobrevive de realidade. A paixão desinstala de uma forma infantil, tornando a pessoa vítima de suas fragilidades. O amor, ao contrário, amadurece e favorece a superação daquilo que a fragiliza. Como já dissemos, a paixão sobrevive de prazer. Já o amor sobrevive de desejo. Paixão só aprendeu a ficar por pouco tempo. O amor gosta é de permanecer a vida inteira.

Esse caráter temporário da paixão é necessário para a construção do amor. O processo que nos leva a conhecer outras pessoas sempre começa em visões de superfície. A profundidade só é alcançada à medida que adentramos respeitosamente os territórios do outro.

A paixão é o resultado da primeira vista, dos primeiros detalhes do território encontrado, da mesma forma como a antipatia natural. A pessoa apaixonada costuma projetar o outro como o maior acontecimento de sua vida. É sempre assim. Todo apaixonado acha que agora encontrou o amor de sua vida. Mas, com o passar do tempo, se esse conhecimento não o conduzir ao encontro real, concreto, de defeitos e virtudes pelos quais ele ainda continua apaixonado, a paixão dá espaço à desilusão e ao rompimento. O amor só pode acontecer nas pessoas que atravessaram a antessala da paixão. Somente depois de conhecidos limites e virtudes é que o amor é real.

É por isso que as relações humanas são como pontes. Estamos sempre em travessia. Há sempre uma distância a ser percorrida, um passo a mais a ser dado no conhecimento do outro.

Pontes são simbólicas. Estabelecem vínculos. Por elas cruzamos os obstáculos que dificultam nossa chegada ao outro lado. Quanto mais construímos pontes, muito maior será a possibilidade de conhecermos verdadeiramente aqueles que fazem parte do nosso mundo.

É a atitude simbólica, que constrói e facilita os vínculos.

O equívoco do amor

O rapaz pensou que amava. A moça estava certa do amor que sentia. Duas pessoas numa mesma relação e com perspectivas distintas. Namoro e casamento em um curto período de um ano. Ele, um advogado já bem-sucedido, apesar da pouca idade. Ela, uma contadora formada que ainda não sabia o que fazer com o diploma que recebera da faculdade.

O rapaz cresceu num contexto de muitas exigências. Ele não fora educado para perder. Desde muito cedo fez da sua vida uma coleção de reconhecimentos e premiações. O melhor no colégio, o melhor nos esportes e o melhor na faculdade.

Em casa, prevalecia uma frieza na relação com os pais. Amor real, mas distante, coisa de quem não descobriu a beleza de poder ser frágil e de ter um colo de mãe onde se possa chorar.

A moça, ao contrário do rapaz, possuía uma fragilidade assumida. Crescera num ambiente mais afetuoso, porém menos exigente. Carinho não lhe faltou, mas, no excesso de zelo que lhe dispensaram, os pais se esqueceram de educá-la para a coragem.

Os dois tinham riquezas; os dois tinham pobrezas. E assim eles se casaram. A relação foi fortemente marcada por conflitos. O rapaz quis que a moça se transformasse numa vitoriosa da noite para o dia. Ela não soube ser. Ele a projetou em tudo o que pôde, mas o resultado que esperava não aconteceu. Depois de alguns anos juntos, o casamento se desfez. A moça foi embora sem deixar muito clara a razão da desistência. O rapaz não conseguiu assimilar a perda. Buscou todas as justificativas para o rompimento. Alegou que a família não a deixava crescer e que as inúmeras interferências afetaram profundamente a relação dos dois.

Eu ouvi a história pelo lado do rapaz. Havia um sofrimento muito real em suas palavras. Desconforto por não saber a exata razão do rompimento.

Depois de demorada conversa, eu o desafiei a pensar a respeito de sua condição humana. Não queria que ele se resumisse ao momento presente, mas que tivesse coragem de olhar-se com um pouco mais de inteireza. Compreender o momento presente requer recuo no passado. Há sempre um cordão costurando as histórias que precisa ser identificado.

Quis saber o jeito como ele foi criado. Notei que em sua educação não havia muito espaço para a fragilidade. Desde muito cedo sua relação com os pais o conduzira pelos caminhos das exigências. Aquele rapaz não sabia perder. Pude perceber que todas as justificativas que ele usava para explicar o rompimento eram formas de eximir-se do fracasso. Ele não queria reconhecer-se perdedor. Preferia relacionar a perda de sua mulher às influências da sogra, que, segundo ele, insistia em infantilizar a filha.

Não quis entrar nesse mérito. Durante nossa conversa, resolvi desafiá-lo ao reconhecimento do fracasso. Pedi que não justificasse nada, mas que apenas reconhecesse que, naquele momento da vida, o lugar do pódio que lhe pertencia era o último lugar. Ele me olhou assustado. E foi então que eu tentei convencê-lo de que perder não é tão vergonhoso assim, e que não saber perder é o mesmo que prolongar a perda. Ou assimilamos o que perdemos hoje, e assim perdemos de uma única vez, ou então fingimos que não perdemos, e assim perderemos a vida inteira. Ele concordou.

Continuei desafiando-o. Perguntei se a razão de sua tristeza estava no fato de ter perdido alguém que ele realmente amava ou se estava somente lamentando ter fracassado na vida, colocando o casamento na mesma perspectiva de um fracasso ocasional de sua vida profissional. Ele não soube dizer. Perguntei o que mais lhe fazia falta do lar que havia sido desfeito. Ele disse que era da cachorrinha, que, na separação, ficou com a esposa. Confessou e riu envergonhado.

O rapaz, pelo pouco que pude escutar, havia investido muito para transformar a moça na mulher dos seus sonhos. Ele acreditara que poderia libertá-la de todos os condicionamentos que a família lhe legara. Para ele, afastá-la de seu contexto familiar seria o melhor jeito de ajudá-la.

Ele não queria que ela continuasse levando adiante a fragilidade que tanto marcara sua personalidade ao longo de sua vida. Para ela, fez inúmeros projetos, mas nenhum foi adiante. Ele não soube conviver com a falta de empreendedorismo e determinação da mulher que elegera como esposa.

Achei interessante a história. Fiquei intrigado ao perceber o quanto as nossas idealizações são frutos de nossa história pessoal. O rapaz não suportava o fato de a família da moça continuar paparicando-a, mesmo após o casamento. Conviver com aquela situação parecia evidenciar-lhe tudo o que na vida lhe fora ausente. Ele não tivera uma família como a dela. Seu ambiente não havia sido acolhedor como fora o dela. A riqueza afetiva da esposa evidenciava os seus prejuízos afetivos.

Ele a quis à sua imagem e semelhança. Toda sua postura de querer desvinculá-la da mãe era um modo velado de punição, como se ao romper os vínculos que ele considerava infantilizadores, ele pudesse amenizar suas carências de filho. Suas atitudes estavam constantemente motivadas por um processo inconsciente que pode ser bem explicitado a partir da frase: "Já que eu não tive, você também não pode ter!" É claro que essa frase nunca foi dita, mas ela estava como pano de fundo na relação do casal, perpassando o esforço do rapaz em tornar a esposa uma mulher independente.

Por não ter tido a proteção necessária, o rapaz apreendeu boa parte da vida na solidão. Com isso, projetou em sua cabeça que a mulher ideal deveria ser também assim. Bonita, livre, bem-sucedida. Mas a mulher com quem ele havia se casado não era nada disso. Ele a quis construir.

Por amá-lo de verdade, conhecedora de quem ele era e do que ele pretendia, a moça até que tentou mudar. Mas as exigências eram demasiadas. Ela precisou abrir mão de quem era. Não havia honestidade na proposta para o seu crescimento, mas uma competição. O rapaz não sabia ficar sem competir. Em tudo ele queria ser o melhor. E, em nome de um amor que ele julgava sentir por ela, empenhou-se em torná-la órfã, com o objetivo de curar um pouco da própria orfandade.

Parece estranho, mas foi justamente isso que mais tarde ele pôde admitir. Corajosamente, ele me disse: "Não sei se em algum momento eu a amei de verdade!"

Relações dessa natureza são comuns entre nós. Sequestros velados. Pessoas que, na incapacidade de compreender os limites de suas histórias pessoais, passam a buscar nos outros os preenchimentos de suas lacunas. Amores que não são amores. Amores que se caracterizam como competições sórdidas, desumanas, ainda que pareçam cuidado e atenção.

Nem sempre nossas intenções são conscientes. Nem sempre agimos com clareza. Boa parte de nossas reações e atitudes obedece à ordem de nosso mundo inconsciente, em que a vida passada permanece atuando e determinando nosso jeito de ser. Tomar consciência das intenções que norteiam nossos atos é o primeiro passo para reorientarmos nossa conduta, retirando do amor que amamos o poder tão destruidor que tantas vezes lhe é inerente.

Conscientizar-se de que sua história como filho que não foi amado como deveria ter sido era a gênese de sua indisposição com a mulher com quem havia se casado foi um grande passo para a vida do jovem advogado. Não se trata de descobrir culpados ou inocentes. Trata-se de desvendar os papéis dos personagens da trama. O que ele não suportava em sua esposa era o que dele estava refletido nela. Vê-la frágil e cuidada pelos seus progenitores recordava-lhe também sua condição de homem frágil que, ao contrário dela, raramente havia encontrado abrigo para se esconder.

A fragilidade da esposa lhe recordava o que nele era insuportável. Ele também sempre foi frágil, mas nunca soube assumir, porque lhe faltou liberdade para isso. A família que ela tinha era a família que ele gostaria de ter tido. Mas, na incapacidade de reconhecer tudo isso, justamente por ser um processo inconsciente, ele revestiu esse desejo de uma forma cruel de aversão, minando cada vez mais a relação dos dois.

Ao dizer "eu não suporto a família dela", aquele rapaz, que colecionava causas vitoriosas, assumia, sem saber que o fazia, que a maior de todas as causas ele já havia perdido. Aquela família era o retrato de sua frustração. A fotografia revelava o que na sua vida sempre fora ausente. Olhar aquele quadro era insuportável, e, por isso, o desejo de ficar distante daquela cena.

O mais sábio teria sido tomar consciência de tudo isso antes da separação. Talvez assim teriam tido tempo para não deixar o desgaste acontecer. Em vez de rechaçar os cuidados da família dela, ele teria se deixado cuidar por eles também, podendo assim curar suas ausências com a família recém-chegada. Tentaria dosar a atenção exagerada com a coragem a ser alcançada. Os dois estavam nos extremos. Ele, na necessidade de aprender a ser frágil, ela, na necessidade de aprender um pouco de coragem para viver sem os vínculos que não a deixavam ir adiante. Ambos precisavam assumir um pouco um do outro. Mas não houve tempo para essa partilha. O casamento se desfez e o fracasso se instaurou de forma avassaladora. Não houve tempo para o amor real. O que houve foi a construção de uma realidade fortemente marcada pelo desconhecimento pessoal. Ambos perderam.

Egoísmo

Sinto falta de você.
Mas o que sinto falta
é de tudo o que é seu e que me falta.
Sinto falta de minhas faltas que em você não faltam.
Sinto falta do que eu gostaria de ser e que você já é.
Estranho jeito de carecer, de parecer amor.
Hoje eu resolvi assumir as necessidades
que insisto em manter veladas.
Acessei o baú de minhas razões inconscientes
e descobri um motivo para não continuar mentindo.
Quero agora lhe confessar o meu não amor,
o sentimento que faço parecer ser.
Eu não tenho o direito de adentrar o seu território

com o objetivo de lhe roubar a escritura.
Amor só vale a pena se for para ampliar o que já temos.
Você era melhor antes de mim, e só agora posso ver.
Hoje quero lhe confessar meu egoísmo.
Quem sabe assim eu possa
ainda que por um instante amar você de verdade.
Perdoe-me se meu amor chegou tarde demais,
se meu querer bem é inoportuno e em hora errada.
É que hoje eu quero lhe confessar meu desatino,
meu segredo desconcertante:
Ao dizer que sinto falta de você
Eu sinto falta é de mim mesmo. ”

Construindo relações simbólicas

Construindo relações simbólicas

O MUNDO COMEÇA NA PALAVRA QUE DIZEMOS. A próxima palavra a ser proferida é sempre a nova oportunidade que recebemos de mudar a história. As palavras têm o poder de mover as estruturas. Por meio delas vivemos o processo da *metanoia*, palavra de origem grega que significa *mudança de mentalidade*.

Uma mudança só é consistente se, de fato, a palavra alcançou as profundezas da mentalidade. Nenhum comportamento será modificado se a mente que o produz não estiver verdadeiramente transformada. Mudar de mentalidade é assumir um novo jeito de interpretar a si mesmo, os fatos, as outras pessoas e o mundo. Por isso, as palavras são ditas, são escritas. Para que tenham o poder de transformar as mentalidades.

A palavra pode ser simbólica ou diabólica. Depende do contexto e da forma como é dita. Como já abordamos, símbolo é tudo aquilo que estabelece vínculo e que favorece alguma forma de compreensão. Diabólico é tudo o que corta o caminho e favorece a perda do rumo. O símbolo encurta as distâncias, porque estabelece pontes. Por ele torna-se possível uma travessia que nos favorece alcançar outros lugares. Já o diabólico intrinca a compreensão, torna difícil chegar ao lugar a que nos propusemos.

O simbólico e o diabólico estão presentes em todas as formas de linguagem. Eles não se limitam ao contexto das palavras ditas, ou escritas, mas perpassam também o horizonte dos gestos.

Dentro dos ritos religiosos, o símbolo se presta a estabelecer um vínculo entre o que é material e o imaterial. Uma vela, por exemplo, assume o papel de ser ponte para nos levar ao horizonte da luz que não podemos ver, mas queremos alcançar. Religião é o contexto dos desejos que ainda não sabemos identificar. Experiência de fé é experiência de não saber dizer, mas que de alguma forma nos faz intuir que já sabemos.

Quando dizemos que uma pessoa é iluminada, nosso jeito de dizer já está marcado pelo poder da linguagem simbólica. Há alguma coisa na pessoa que nos faz reconhecer as características que são próprias da luz, mas ainda não temos a perspicácia de identificar, por meio de uma linguagem lógica, o que na pessoa reconhecemos iluminado.

O diabólico também está presente nos ritos religiosos. Cada vez que a sacralidade do que queremos celebrar esbarra nos limites de nossa linguagem, podemos incorrer no equívoco de dizer ou representar, por meio de gestos, o absolutamente contrário do que gostaríamos.

A problemática do simbólico e do diabólico perpassa todas as dimensões da vida. Como já mencionamos, as culturas humanas são construídas a partir de realidades simbólicas e diabólicas.

Nossas relações cotidianas também são construídas dessa forma. O tempo todo, conscientes ou não, estamos estabelecendo pontes com as pessoas que encontramos, isto é, estamos sendo simbólicos; ou então estamos destruindo os lugares de travessia, assumindo assim a condição de diabólicos. Na história que vimos anteriormente, o que prevaleceu foi a falta de simbologia. Marido e mulher não construíram pontes, mas, ao contrário, aumentaram as distâncias.

Falar de relações simbólicas é o mesmo que falar de relações que nos fazem avançar. O símbolo nos favorece chegar. Passamos pelas histórias que encontramos, tocamos e somos tocados pelas pessoas que cruzam nossos caminhos. Falamos e ouvimos, sorrimos e choramos, enfim, nossa vida está constantemente contextualizada nas estruturas do simbólico e do diabólico.

Pensar nas estruturas simbólicas e diabólicas que sustentam nossas relações consiste em apurar ao máximo o destino que damos a nós mesmos e aos outros. Somos o resultado final dessas duas conjugações. Ninguém consegue ser simbólico o tempo todo, mas não creio que alguém possa ser constantemente dominado pelos impulsos que geram o diabólico. Estamos sempre cruzando o perigoso limiar que nos separa das duas perspectivas.

Relações simbólicas são capazes de nos fazer voltar para o que somos. Relações diabólicas nos distanciam de nós mesmos. Podemos nos reportar à temática que já apresentamos anteriormente a respeito do conceito de pessoa. A *disposição de si* carece ser alcançada para que o segundo passo do conceito, a *disposição ao outro*, possa acontecer. Disposição de si e disposição ao outro são duas realidades simbólicas. Nas duas formas de disposição há uma integração necessária e fundamental sem a qual não é possível dispor de si, tampouco ser disponível ao outro. Essas duas disposições atestam a preponderância dos elementos do simbólico sobre nós.

É com base nessa premissa que podemos compreender que uma pessoa será mais pessoa à medida que não abrir mão das realidades simbólicas. O diabólico desintegra, mas o simbólico congrega. Por isso, quanto maior for o número de relações simbólicas estabelecidas, maior será o processo de conquista de si mesma que a pessoa viverá.

Toda e qualquer forma de sequestro da subjetividade implica rupturas dolorosas e esquecimentos de valores. Por isso, os sequestros são experiências de relações diabólicas. Não oferecem pontes, mas, ao contrário, cortam as comunicações, impedem travessias e superações.

A prevalência de relações diabólicas, em detrimento de relações simbólicas empobrece a vida humana, uma vez que o diabólico impede os encontros, em vez de proporcioná-los.

Estabelecer uma luta contra as estruturas que diabolizam o mundo consiste em quebrar os cativeiros da mentalidade que nos ensinou a reproduzir, nas pequenas relações, as estruturas do diabólico. Insensibilizados, nem sempre estamos dispostos a estabelecer pontes. Consequentemente, nós vamos cavando nossa própria solidão, gerando um mundo cada vez mais desprovido do poder transformador das realidades simbólicas.

Quando deixamos de ser simbólicos, a solidão cresce entre nós. E, o pior, cresce a partir da nossa solidão. Se em vez de construir pontes nós as destruímos, de alguma forma estamos provocando o nosso isolamento. Não é apenas o outro que está privado de nossa presença, mas nós mesmos, sobretudo.

O fechamento é uma forma de suicídio. A opção por tudo aquilo que no mundo é diabólico é uma adaga que empurramos lentamente no peito. É um jeito de morrer aos poucos. É um jeito de assumir a solidão mais profunda, a *ausência de nós mesmos*. Aquela solidão que, mesmo quando estamos acompanhados, ainda assim não deixa de existir.

Banquete

Que o seu chegar seja mais que um
chegar.
Que seja o símbolo de um tempo
de demoras e permanência.
Deitarei a toalha branca sobre a mesa
e permitirei que suas pontas venham
cobrir também a minha alma.
Cada vez que nossa mesa é posta,
muito mais que um alimento,
a vida nos é oferecida!
Que seja assim.
Que nossa fome de amor
e de fraternidade seja sempre saciada
nos olhares dos quais nos serviremos.

Jesus e seu olhar simbólico

Jesus e seu olhar simbólico

A HISTÓRIA HUMANA ESTÁ REPLETA DE personalidades simbólicas. São pessoas que construíram pontes para que a humanidade pudesse atravessar, chegar e evoluir. Francisco de Assis, Martin Luther King, Madre Teresa de Calcutá, Irmã Dulce e tantas outras.

O contexto cristão é de uma riqueza insondável quando nos referimos à responsabilidade de assumir a dimensão simbólica como proposta de vida. São homens e mulheres que entraram na história pela força de suas travessias no tempo histórico, vivendo de forma única. No cristianismo, essas pessoas são elevadas à condição de santas. Para ser santo é necessário elevar ao máximo, na história pessoal, a vivência de uma virtude evangélica.

Todo modelo de santidade cristã tem sua raiz na pessoa de Jesus, que é a grande manifestação de Deus encarnado. Nele, toda uma Antropologia é proposta, de maneira que, na expressão bíblica de Pilatos *eis o homem*, a humanidade recebe a revelação máxima de sua condição. A Teologia cristã considera que todo discurso sobre Deus é também um discurso sobre o ser humano, de maneira que a plenitude da revelação de Deus, em seu filho Jesus, está a serviço do autoconhecimento que a humanidade precisa experimentar.

Jesus se apresentou em seu contexto histórico como um construtor de pontes. Sua vida e missão sempre estiveram voltadas para repatriar os que estavam fora da vida social, política e religiosa de seu tempo. A categoria sempre usada em seu discurso, *Reino de Deus*, refere-se à antecipação histórica que podemos viver da promessa bíblica expressa no conceito de *terra prometida* como lugar de *felicidade e harmonia*. Sua pregação não é projeção de um céu imaginário, ideal, mas é uma pregação que não desconsidera o fio da história, atando-o constantemente às promessas escatológicas e futuras.

Os discursos de Jesus são sempre simbólicos. Neles prevalece um ensinamento que extrapola o significado das palavras. Na condição de pontes, as palavras dilatavam o coração dos ouvintes, propondo-lhes fazer o mesmo que fez o povo de Israel: atravessar o deserto, fazer a travessia que lhes proporcionaria alcançar a libertação.

É interessante identificar que, no contexto histórico de Jesus, o sequestro da subjetividade já acontecia. Ele era constantemente promovido pelas autoridades religiosas e políticas de seu tempo. Cultos e impostos serviam como instrumentos de fragilização do tecido social, por meio da exclusão dos menos favorecidos. Veja bem que a palavra de Jesus nunca esteve comprometida com a libertação dos que estavam cativos. Os cativeiros daquele tempo ele resolveu enfrentar por meio de uma força incomum: a palavra simbólica e os gestos poéticos. Sua força não era física. Aos sequestrados do seu tempo ele dirigia a força de seus gestos poéticos, e assim os libertava de seus cativeiros.

Vale a pena recordar uma sequência narrada nos evangelhos sinóticos que testemunha muito bem a força desses seus gestos.

A cena é dramática, mas é também fascinante. Uma mulher está prestes a ser apedrejada. Foi pega em adultério e a lei de Moisés prescrevia condenação pública para esses casos. A multidão está convencida de que o certo se cumprirá. Matar em público é um jeito de manter a ordem, de fazer prevalecer a autoridade da lei.

Jesus observa os acontecimentos enquanto a multidão enfurecida se prepara para o ato definitivo. As vozes uníssonas gritam a sentença. Não há o que fazer. A mulher será morta. O que agora descrevemos não está relatado, mas podemos imaginar.

No meio de tantas vozes que gritavam, Jesus não tinha muito o que fazer. É muito difícil ser voz única, gritando uma sentença diferente no meio de uma multidão que grita absolutamente o contrário. Certamente ele fez um esforço de adentrar a multidão para que tivesse um acesso maior à condenada. Deve ter aberto discretamente espaços entre as pessoas que circundavam e compunham a moldura daquela cena.

Jesus chegou perto. Preferiu não gritar. Utilizou-se de uma linguagem que é infinitamente superior à linguagem das palavras: o olhar. Fixou os olhos na mulher e começou a dizer, sem dizer, tudo o que ela precisava ouvir naquela hora. Aquela criatura jogada ao chão protagonizava a dura experiência de um sequestro que durou sua vida inteira. Entregue à prostituição desde muito cedo, a mulher experimentava naquela hora o risco de morrer sem que alguém lhe pagasse o valor do resgate.

A mulher estava roubada de si mesma. Os muitos homens que deitaram em sua cama a sequestraram aos poucos. Levaram dela o amor próprio, fazendo-a esquecer seu valor, sua dignidade. Por isso, ela se entregava ao suplício do apedrejamento. Ela tinha consciência de sua culpa. Vivera a condição de vítima, internalizara o poder dos sequestradores que a haviam feito acreditar que o cativeiro era sua única possibilidade.

Jesus, no ato de olhar, começa a devolver àquela mulher tudo o que a vida havia lhe retirado. Era como se os portões de um porão escuro recebessem uma chave iluminada de novas esperanças. A mulher não sabia que ainda seria capaz de recomeçar. Esquecera-se do valor que possuía. Mas os seus olhos encontram os de Jesus. Ela percebe que eles não falam a mesma coisa que a multidão. Nos olhos daquele homem recém-chegado ela identifica um poder superior a tudo o que já tinha encontrado na vida. Eram olhos que possuíam o dom de realizar devoluções. Naquele olhar estava sendo devolvida a sua dignidade, o seu desejo de continuar viva, de reencontrar o sentido do seu corpo, e até mesmo alimentar a esperança de um amor que a pudesse amparar na vida.

Aqueles olhos a devolviam a si mesma. Ela, que tantas vezes fora roubada, levada de si, agora estava diante de um homem que lhe restituía o que a vida lhe levara.

E eis que a coragem a domina. Ergue-se; e no ato de erguer-se assusta a multidão que não entende o gesto. A multidão se cala; e só nesse momento as palavras de Jesus quebram a lógica da lei. Uma frase simples, mas simbólica, capaz de estabelecer pontes.

Aquela que estava prestes a ser morta retoma a vida. O cativeiro foi aberto. O resgate foi pago. A libertação foi gerada por um gesto simbólico, pleno de significado, capaz de devolver à mulher a condição de pessoa.

Gestos simbólicos são salvíficos, redentores, ao passo que gestos diabólicos são condenatórios, desagregadores. A mulher experimentou essa verdade. No meio de uma multidão diabólica surgiu um olhar simbólico, e o milagre da reversão dos fatos aconteceu.

Na experiência de sermos quem somos estamos constantemente vivendo a metáfora da multidão. Ou porque estamos na condição de acusadores, ou porque estamos na condição de acusados. Nem sempre é fácil prestar atenção no olhar raro. A multidão parece ter mais força. Também não é fácil ser portador de um olhar raro, redentor. É mais fácil integrar a multidão e suas soluções simplórias. Interpretar a lei ao pé da letra dá menos trabalho que descobrir as chaves que nos possibilitam interpretações mais profundas.

Há sempre uma cena semelhante à do Evangelho sendo construída ao nosso lado, diante dos nossos olhos. Como reagimos é uma questão de escolha. Ou vivemos para gritar o grito fácil, a diabolização democrática, ou vivemos para simbolizar, e assim fazemos a diferença no mundo.

Olha devagar para cada coisa.
Aceita o desafio de ver o que a
multidão não viu.
Em cascalhos disformes e estranhos
diamantes sobrevivem solitários.

ABRINDO OS CATIVEIROS

Abrindo os cativeiros

É HORA DE REAÇÃO. A PROVOCAÇÃO FOI FEITA. Neste mundo de sequestrados e sequestradores, há sempre um detalhe da história que nos toca. Ou porque promovemos o sequestro de alguém, ou porque estamos vivendo os lamentos de um cativeiro em que fomos colocados, ou porque simplesmente descobrimos que há aplicações deste texto em nossa vida. Não importa onde estamos. O que importa é aonde podemos chegar. Não importa o que fizemos até agora, mas sim o que podemos fazer com tudo o que fizemos até agora.

Creio que sempre é tempo de abrir cativeiros. Ou para que o outro saia ou para que nós saiamos. A qualidade da nossa vida depende da qualidade de nossas relações. Reorientar a conduta, sobretudo quando identificamos os desvios que nos levam para longe de nós mesmos, é a atitude mais sábia que podemos adotar. Reassumir a capacidade de voltar à posse do que somos e consequentemente dar ao outro o melhor que podemos oferecer é um modo que temos de avançar no processo de nosso amadurecimento humano.

Humanidade é processo a ser construído. Somos mais humanos à medida que somos livres, resgatamos os cativos e lhes devolvemos o direito de serem livres também. Promover a liberdade, defender e propagar a força da postura simbólica é um meio eficaz de traduzir o Evangelho nos dias de hoje.

Há muitos cativeiros a serem abertos. Há muitas prisões a serem quebradas. Preconceitos, visões apressadas, conceitos distorcidos, desumanizações em nome de Deus, cativeiros em nome do amor. Gente dominada, sem vontade própria, entregue aos poderes dos diabólicos de plantão.

Uma coisa é certa. O perigo do sequestro da subjetividade mora ao lado, e de alguma forma ele já nos atingiu. Em proporções diversas, em intensidades diferenciadas, esse malefício já nos esbarrou.

Mas cá estamos nós. O importante é permitir que a reflexão nos toque e nos proponha novos posicionamentos. Repensar as relações que foram marcantes em nossa vida ajuda-nos a analisar os caminhos que precisamos tomar.

Perguntas são sempre bem-vindas na vida de quem cresce. Há perguntas que não precisam ser respondidas com pressa. Elas pertencem ao mundo da reflexão, que não se interrompe. São perguntas que possuem o dom de fertilizar o plantio que somos nós.

Eu não acredito que você tenha chegado ao fim deste livro sem que tenha sido tocado com algumas questões que aqui foram tratadas. Este não é um livro de teorias, mas é um livro ditado pela vida. Ele não nasceu das teorias que me acompanham. Foi o contrário. Ele nasceu da vida que antes eu vi, ouvi e vivi. Somente depois eu quis escrevê-lo. Antes, a vida; depois, o livro.

É por isso que eu gostaria de finalizá-lo do mesmo jeito que ele começou em mim. Com perguntas. Dessa forma, ele não termina, mas se desdobra em você, permitindo-me a proeza de continuar escrevendo de maneira tão eficaz e frutuosa. Se este livro continuar em você, conduzindo-o pelos caminhos instigantes de sua construção humana, então já valeu tê-lo escrito.

Se minhas palavras o fizerem pensar, e consequentemente agir com mais clareza e qualidade, então já valeu ter-me feito a primeira pergunta, a que originou o assombro inicial. E assim, dando continuidade ao processo que não pode parar, deixo algumas perguntas para que este livro não termine em sua última página escrita.

Dos relacionamentos que você já teve, quais foram as ocasiões em que verdadeiramente você foi modificado para melhor? Quais são as pessoas que passaram pela sua vida, que o alteraram de maneira positiva? Quais são as boas saudades que elas deixaram?

Quem foram as pessoas que mais favoreceram seu crescimento afetivo, proporcionando-lhe uma relação em que pudesse entrar em contato com seus defeitos, qualidades, e, consequentemente, o ajudaram no processo de tornar-se pessoa? Onde é que você pode identificar, nas páginas de sua história, os acontecimentos em que sua liberdade foi promovida por alguém?

O contrário também precisa ser perguntado. Quais foram as pessoas que mais deixaram marcas negativas dentro de você? Quais são as piores lembranças que estão registradas em sua memória afetiva?

Quantas e quais pessoas desempenharam em sua vida o papel de sequestradoras, mantendo-o nos territórios minguados de um amor possessivo, desumanizador?

Quantas vezes você pôde identificar em seu coração um jeito estranho de querer possuir o outro, impedindo-o de exercer sua liberdade? Será que você é lembrança doída na vida de alguém? Será que já construiu cativeiros? Será que já viveu em algum?

Será que você já foi capaz de pagar o resgate de alguém? Com sua palavra, com sua atitude, com o seu jeito de viver?

Será que já idealizou demais as situações, as pessoas e por isso perdeu a oportunidade de encontrar as situações e as pessoas certas?

Se hoje você tivesse que classificar sua postura no mundo, você se definiria como uma pessoa simbólica ou diabólica?

Sejam quais forem as respostas, não tenha medo delas. Mais vale uma verdade amarga que tenha o poder de nos fazer crescer do que uma mentira adocicada que nos mantenha acorrentados no cativeiro da ignorância. Hoje é dia de resgate. A porta já foi aberta. É hora de sair.

“Eu procuro por mim
tal qual o artesão procura sua arte
escondida nos excessos
da matéria bruta de seu mármore.”

Capa: Marcílio Godoi
Preparação: Lizete Mercadante
Revisão: Lizete Mercadante e Clim Editorial
Projeto gráfico e diagramação: A2.

CIP-BRASIL. CATALOGAÇÃO NA PUBLICAÇÃO
SINDICATO NACIONAL DOS EDITORES DE LIVROS, RJ

M485q

Melo, Fábio de
Quem me roubou de mim / Fábio de Melo. - 2. ed. - São Paulo: Planeta, 2013.
216 p.; 23 cm.

ISBN 978-85-422-0160-4

1. Teoria do autoconhecimento. 2. Autorrealização (Psicologia). 3. Motivação (Psicologia). 4. Relações humanas. I. Título.

13-02161 CDD: 158.1
CDU: 159.947

2019
Todos os direitos desta edição reservados à
EDITORA PLANETA DO BRASIL LTDA.
Rua Bela Cintra, 986, 4º andar – Consolação
São Paulo – SP – 01415-002
www.planetadelivros.com.br
faleconosco@editoraplaneta.com.br

Há pessoas que nos roubam.

Há pessoas que nos devolvem.

Acreditamos
nos livros

Este livro foi composto em Bodoni e
impresso pela Gráfica Santa Marta para a
Editora Planeta do Brasil em agosto de 2019.